江苏高校哲学社会科学研究项目：城市历史街区旅游空间生产与多元共治模式研究（项目编号：2017SJB0418）

文旅融合背景下的乡村旅游规划与乡村振兴发展

刘佳雪 著

吉林大学出版社

·长 春·

图书在版编目（CIP）数据

文旅融合背景下的乡村旅游规划与乡村振兴发展 /
刘佳雪著.—长春：吉林大学出版社, 2021.10
ISBN 978-7-5692-9346-3

Ⅰ.①文… Ⅱ.①刘… Ⅲ.①乡村旅游—旅游规划—
研究—中国②农村—社会主义建设—研究—中国 Ⅳ.
①F592.3②F320.3

中国版本图书馆CIP数据核字（2021）第223537号

书　　名　文旅融合背景下的乡村旅游规划与乡村振兴发展
　　　　　WENLÜ RONGHE BEIJING XIA DE XIANGCUN LÜYOU GUIHUA YU
　　　　　XIANGCUN ZHENXING FAZHAN

作　　者　刘佳雪　著
策划编辑　代红梅
责任编辑　张宏亮
责任校对　杨　平
装帧设计　马静静
出版发行　吉林大学出版社
社　　址　长春市人民大街4059号
邮政编码　130021
发行电话　0431-89580028/29/21
网　　址　http://www.jlup.com.cn
电子邮箱　jldxcbs@sina.com
印　　刷　北京亚吉飞数码科技有限公司
开　　本　787mm×1092mm　1/16
印　　张　15.5
字　　数　260千字
版　　次　2022年4月　第1版
印　　次　2022年4月　第1次
书　　号　ISBN 978-7-5692-9346-3
定　　价　78.00元

前　言

文化是旅游发展的重要根基，旅游是文化发展的重要载体，文旅融合既是文化和旅游互动共荣的客观需要，也是文化和旅游发展的必然趋势。新时代背景下，随着消费升级和数字经济的发展，民众对文化旅游体验的需求转向对更高级的情感和自我实现的需求。面对我国文旅融合发展过程中表现出的主体和策略不够明晰、不确定性增强等问题，需要从多维度探究文旅融合发展的动力、融合发展策略选择与路径。

乡村发展内容广泛，涉及面广，复杂性高，大部分乡村需要从农业产业本身突破，通过农业现代化实现振兴，有些地方则可能通过其他途径来实现振兴。在不断的探索与实践中，乡村旅游这样一条能够发挥乡村综合效益、创造美好生活的重要途径进入人们的视线。近年来，随着经济的持续发展，人们的生活水平不断提高，也越来越追求观光休闲、农耕体验等休闲活动。农村绿水青山、田园风光、安逸闲适、乡土文化等资源丰富，而且独具特色，成为人们心中的"世外桃源"。城市人日益强烈的田园情结使得乡村旅游成为旅游界的新宠，也为我国"三农"问题的解决开辟了一条新的道路。然而，乡村旅游发展时间较短，尚未走上规范化、市场化的轨道，还需要学术界通过理论来引导与推动，使其实现可持续发展。也只有这样，才能真正地实现乡村振兴。基于此，特策划并撰写了《文旅融合背景下的乡村旅游规划与乡村振兴发展》一书。

本书共包含九章。第一章为绪论，探讨研究目的、研究意义、研究对象与研究内容。第二章分析了文旅融合与乡村振兴的互动关联。第三章论述了文旅融合背景下乡村旅游转型升级。第四章至第八章为本书的重点，论述了文旅融合背景下乡村旅游规划创新、乡村旅游资源开发、乡村旅游形象塑造与传播、乡村旅游市场的开拓、乡村基础设施条件的改善。旅游的发展也需要建立在保护生态环境的基础上，因此最后一章分析了乡村生态文明建设与旅游可持续发展。

总体来说，本书在吸收前人研究成果的基础上，基于多年来在乡村领域的理论与实践经验，对乡村旅游的规划、开发、建设、保护等各方面进行了详细阐述。同时，本书旨在为乡村旅游的发展提供一些有效的、创新性的解决策略，力求在战略、理论与实践发展的基础上撰写一本真正有助于乡村旅游发展的工具指引书。

在本书的撰写过程中，作者不仅参阅、引用了很多相关文献资料，而且得到了诸多同行及亲朋的鼎力相助，在此一并表示衷心的感谢。由于时间仓促，水平有限，书中难免存在欠妥之处，恳请广大读者不吝赐教。在引用标注过程中难免有所遗漏，敬请包涵指正。

作者

2021年7月

目　录

第一章　绪论

21世纪以来，随着城乡差距不断拉大，乡村人口持续减少，乡村生产和产业功能逐渐弱化，乡村产业衰败、文化凋落、人口空心化问题突出。党的十九大做出"新时代中国社会的主要矛盾已转化为人民日益增长的美好生活需要和不平衡不充分的发展之间的矛盾"的科学论断，首次提出乡村振兴的重大战略部署。其内在逻辑在于探索乡村发展的可持续机制，激发中国特色乡村现代化的内生驱动力，改变生态恶化、人口失衡、文化消解、发展滞后、治理失效等为主要特征的乡村凋落困境，创造"产业兴旺、生态宜居、乡风文明、治理有效、生活富裕"的高品质乡村美好生活。

在乡村振兴中，作为无烟产业和朝阳产业的旅游业被寄予厚望。在很多国家和地区，都通过发展乡村旅游业替代或补充林业、种植业、渔业等传统农业，避免乡村经济衰退和人口过度流失，保护和传承乡村文化，改善乡村社会生态环境。然而，旅游业对于乡村是双刃剑，在带来收入的同时，可能导致收入分化；外来人口和商业要素的引入，也可能导致传统文化的日渐凋零；乡村旅游开发引乡村社会关系重构，可能导致居民矛盾冲突和新的焦虑，因此亟待寻求协同乡村旅游与乡村振兴的发展机制和模式。文化是旅游的灵魂，文化也是乡村发展的根基，文旅融合为兴村强村指明了方向。

2018年4月，为增强和彰显文化自信，统筹文化事业、文化产业发展和旅游资源开发，提高国家文化软实力和中华文化影响力，推动文化事业、文化产业和旅游业融合发展，国家原文化部和国家旅游局的职责整合，组建了文化和旅游部，按照"宜融则融、能融尽融"的总体思路，推进文化和旅游发展的理念融合、职能融合、产业融合、市场融合、服务融合、对外和对港澳台交流融合。党的十九届五中全会也把文化建设放在突出位置，强调"推动文化和旅游融合发展"，提出"建成文化强国"的远景目标，为全面建成小康社会后"更多的国民参与、更高的品质分享"的旅游业发展指明了方向、奠定了基础。在2021年新发布的《中华人民共和国国民经济和社会发展第十四个五年规划和二〇三五年远景目标纲要》（以下简称"十四五"规划纲要）中，有多处内容涉及文化建设和旅游发展，并且以推动文化和旅游融合发展为重点，坚持以文塑旅、以旅彰文，打造独具魅力的中华文化旅游体验，加快发展文化、旅游等服务业，推动旅游产品、业态和服务创新。在"十四五"期间，文化建设对旅游业的战略引领和支撑作用将会更加明显，讲好中国故事，提升中国服务，高标准深化文旅融合，推进旅游业高质量发展。

乡村是具有自然、社会、经济特征的地域综合体，兼具生产、生活、生态、文化等多重功能，与城镇互促互进、共生共存，共同构成人类活动的主要空间，乡村兴则国家兴。据统计，2017年中国乡村旅游接待量达21亿人次，消费规模超过1.1亿元，休闲农业、乡村旅游从业人员约 900 万人，受益农户达700万户，乡村旅游不仅是带动农村产业发展、农民脱贫致富、产业结构调整的重要力量，也已成为中国旅游业主要的经济增长点。如何更好地利用好当地的文化资源，带动乡村旅游发展和乡村振兴，是兼具理论和现实意义的议题。本章作为绪论章，就来简要分析文旅融合、文化振兴、文化旅游之间的关系。

第一节 研究目的和意义

一、乡村与乡村旅游发展面临的多重挑战

（一）乡村的凋落与转型困境

自2003年以来，连续18年的中央一号文件都聚焦于农业农村与农民问题，2017年2月，中共中央国务院发布《关于深入推进农业供给侧结构性改革加快培育农业农村发展新动能的若干意见》对推动农业发展增加农民收入起到了推动作用，党的十九大提出乡村振兴战略，全面推进农村现代化建设，中国乡村的发展进入了一个新阶段。然而，在快速城市化和日趋激烈的市场竞争条件下，传统乡村内生发展能力不足、治理体系不完善、产业基础薄弱，乡村转型发展面临多重挑战。

1. 乡村内生发展的能力不足

为了促进乡村振兴和城乡一体化发展，相继出台了针对农村、农业和农民的优惠政策，资金和信贷支持也向乡村倾斜，但是乡村振兴能够在多大程度上实现不仅取决于外部投入，还取决于资源的开发利用水平、方式和效率。在低水平的资源利用方式下，过多的资源投入不仅会造成资源浪费，还会引起社会不公，影响社会和谐稳定。因此，乡村内生发展的能力不足是乡村振兴面临的重要挑战。

首先，乡村的基础设施尤其是与信息技术有关的基础设施建设很落后。大量的资源进入后难以获得必要的支撑性服务和配套性保障，从而不得不进

入传统的落后产业，这实际上降低了资源配置效率，违背了市场在资源配置中起决定性作用的基本原则。

其次，在目前的要素市场结构下，虽然农村的资金和劳动力可以自由流入城市，但是城市的资金和劳动力返回农村却存在一系列体制性和机制性障碍，导致原本投入农村和农业的大量资源通过市场渠道或者其他方式变相重新流入城市，导致城乡差距的进一步扩大，并影响乡村振兴目标的实现。在目前的体制环境下，城市劳动力回乡置业或者创业仍然存在一定的困难，而农村现有的劳动力由于能力有限又难以承担起创新和创业的重任，从而导致乡村振兴的内生动力不足。

最后，大量的政策优惠和资金投入只能是短期举措，很难在长期维持。虽然这些政策和资金能够在短期内见效，但是从长期来看，农民仍然缺乏较为稳定的资产性收入，这可能会在未来导致新的城乡差距。事实上，对于农民来说，最重要的资产就是土地，但是为了保护耕地和粮食安全，这些土地大都难以真正流通起来，因此也就难以为农民提供持续的资产性收入。

综上，由于乡村内生发展的能力不足，导致大量的政策和资金投入难以获得有效利用。这种违背市场配置资源原则的方式会导致资源以变相的方式重新流回城市，而现有的体制和机制性障碍又使得乡村振兴的内生动力不足，农民也难以获得较为稳定的资产性收入，从长期来看，可能会导致城乡差距的进一步扩大，并影响乡村振兴目标的顺利实现。

2. 乡村的治理体系相对落后

新发展格局的构建、供给侧结构性改革和需求侧管理协调、基础设施建设、公共服务改善乃至乡村振兴的最终实现都离不开乡村治理能力的提高和治理体系的完善，而且乡村治理体系和治理能力现代化本身就是乡村振兴实现的重要表现。正是基于这一原因，2019年6月，中共中央办公厅、国务院办公厅印发《关于实施乡村振兴战略的意见》（后简称《意见》），要求将加强党的农村组织建设和乡村治理作为推进乡村振兴的重要抓手，充分发挥农村基层党组织领导作用，持续抓党建促乡村振兴，并开展乡村治理试点示范创建工作。遗憾的是，目前我国乡村的治理体系仍然较为落后。

首先，乡村的治理主体不完善，多元化治理格局尚未形成。乡村是我国基层民主自治的重要载体，而多元化治理格局则是民主自治的主要体现，但遗憾的是，目前我国的农村治理仍主要依靠基层政府，村委会在很多情况下仅仅是基层政府意志的传达和执行者，缺乏自我管理、自我教育和自我服务的功能与意识。此外，村民参与基层自治的积极性也不高，多元化治理格局远未形成。

其次，村民自治制度建设落后，治理体系作用不明显。部分村委会已经蜕变为乡镇政府的"政权末梢"，村民和社会组织参政意识不强，对于基层民主和公共管理关心程度较低，法治化建设较为薄弱，乡村治理的制度基础呈现出弱化的趋势。此外，随着城镇化的推进，大量的乡村精英和年轻人迁往城市，导致乡村治理缺乏乡贤和年轻人的参与，现代化治理体系推进缓慢。

最后，农村党员结构不合理，基层党组织的作用难以充分发挥。目前，我国农村的党员队伍普遍存在年龄偏大、文化层次较低、女性党员较少的结构性问题，这在一定程度上不利于基层党组织作用的发挥。此外，有些基层党组织偏离了群众路线，过于重视形式治理，也难以处理好基层政府与农民之间的关系，导致基层党组织的功能弱化，脱离了实现乡村振兴的轨道。

综上，我国乡村治理的治理主体较为单一，多元化治理格局尚未形成，基层党组织的作用也未得到充分发挥，再加上村民自治制度建设滞后，使得农村治理体系较为落后，难以满足新发展格局下全面推进乡村振兴的要求。

3.产业基础薄弱

部分乡村产业和生活基础设施仍十分薄弱。有些农村供水、供电、供气条件差，道路、网络通信、仓储物流等设施未完成全覆盖。产地批发市场、产销对接、鲜活农产品直销网点等设施相对落伍，物流经营成本高。农村垃圾集收运和废水处理能力有限，先进技术要素向乡村扩散渗透力不强。乡村产业发展的生态环境保护条件和水平较弱，工业"三废"和城市生活垃圾等环境污染扩散等问题依然突出。

乡村产业链价值链狭窄。以供应原料、卖资源为主，缺少从产地到消费者的链条延伸；农产品精细加工和综合利用率低，农产品加工转化率仅为65%，比发达国家低20个百分点；产业融合层次低，乡村价值功能开发不充分，农户和企业间的利益联结还不密切；大部分乡村企业科技创新的能力有待提高，尤其是农产品加工创新能力不足，优质绿色农副产品占比较低，休闲旅游普遍存在同质化现象，缺乏小众类、精准化、中高端产品与服务，品牌溢价有限。

乡村产业稳定的资金投入机制还没有建立，金融服务依旧明显不足，土地出让金用于农业农村比例偏低。农村资源变资产的渠道还没有打通，阻挡了金融资本和社会资本进入乡村产业。农村土地空闲、低效、粗放利用和新产业新业态发展用地供给不足并存。农村人才缺乏，科技、经营等各类人才服务乡村产业的激励保证机制尚不健全。

综上，新发展格局下乡村振兴的全面推进面临严峻挑战，创新资源利用方式，强化乡村社会文化基础，重构乡村社会经济形态和地域空间格局，实现以农业生产、农业经济和农业人口为核心的传统乡村向现代乡村的转变。

（二）乡村旅游发展面临的挑战

1. 同质化严重且缺乏文化特色

乡村旅游之所以能够吸引大量来自城市的游客，主要是由于游客希望能够暂时远离喧嚣的城市生活，置身美丽的乡村，体会有别于城市的特色乡风，欣赏乡村的青山绿水，品尝绿色安全农产品。但目前我国许多地方的乡村旅游业呈现出同质化严重且缺乏特色创新的局面。大部分乡村旅游都局限于吃农家饭、赏花摘果、钓鱼棋牌这些千篇一律的旅游项目，而对于当地的文化特色、乡风民俗少有挖掘，缺乏具有地域特点的乡村旅游项目。乡村文化特色是乡村旅游长期发展的关键因素。我国乡村旅游若不及时调整发展路径，尽快推出具有创新文化特点的旅游项目，一些地方的乡村旅游将很快失去相当一部分游客的吸引力。

2. 缺乏科学管理及统一规划

目前，我国乡村旅游业总体投资及经营规模小且分布较为混乱，许多地区发展乡村旅游仅凭"一亩大棚、一片鱼塘、一个果园"就冠以乡村旅游的名片，缺乏科学的组织规划和统一的监督管理。国内乡村旅游看似正处于经营热潮，但实际上大多未经过科学规划，地区分布混乱，并且很多地区旅游项目水平低、重复率高，毫无创新，最终导致无序的市场竞争。一些经营者为提高自身竞争优势、实现利润最大化，无视乡村生态环境保护，过度开发当地生态资源，在取得短期经济效益的同时却给乡村生态环境造成难以估量的破坏。

3. 局部地区存在短视行为

旅游资源的开发与保护是旅游业发展过程中必然要面对的一对矛盾体。如何在合理开发乡村旅游资源的同时保护乡村的生态可持续性，这是决定乡村旅游业能否长期可持续发展的关键。

一些地方政府对生态环境和旅游资源的保护意识薄弱，并且相应监督管理部门对乡村旅游资源开发及经营过程中的监管力度不够，容易忽视生态可持续性而盲目追求眼前的短期经济利益。乡村旅游地村民的生态环保意识不强，加之大部分村民的受教育水平较低，很容易为了快速获得经济效益而过度开发当地旅游资源。游客的素质参差不齐，部分游客只图一时享乐而忽视对乡村自然资源、旅游资源等的保护，导致不同程度的生态环境破坏。

二、乡村旅游带动乡村振兴发展的现实困境

（一）品牌效应不突出

在乡村旅游开发过程中，由于地域经济发展水平的局限性和资金支持的不可持续性等综合原因，乡村旅游的同质化特征明显，大多照搬其他村落的固有模式，开设农家乐，以自然风貌为依托来吸引游客，没有发展当地特色文化品牌，地域品牌效应无法凸显，也没有形成长久吸引游客的经典项目和高端文旅产品。

乡村旅游发展的长久之路在于构建地域性的文化和自然特色，并依赖品

牌效应实现更大范围的经济收益，联动其他吃穿住行用的建设紧跟其后，但目前大多数乡村旅游并不注重对品牌文化的塑造和构建，只局限于短暂的低端、同质化旅游项目，无法在区域内脱颖而出，进而造成对当地旅游的一次性消费，不利于乡村旅游的长远发展，更无法持续促进乡村发展。

此外，城镇化进程的加快和新农村建设也在一定程度上抹杀了乡村自有特色，取而代之的是千篇一律的城镇化新乡村建设。

（二）产业融合的共识度低

乡村旅游的发展不能以牺牲其他产业的发展为代价，更不能因消费群体对乡村旅游的热衷而忽视其他产业的发展，或者集中所有资源用于旅游开发，造成其他产业资源、人力、设备的短缺。

然而，鉴于乡村旅游是以"乡土性"为核心的旅游休闲活动，其通常习惯于将发展眼光聚焦于乡村自身，而在如何促进乡村与城镇的融合方面则缺乏关注。乡村旅游产业与其他一、二、三产业的融合发展程度也相对较低，没有深度挖掘游客对乡村农产品、文化手工艺品、民俗节目的深度需求，使得产业融合效率低下，没有形成城乡一体化旅游，农业、服务业、工业协同发展的产业链条，一定程度上影响了乡村整体振兴。从事乡村旅游的当地民众或群体，也缺少产业融合发展的思想认识，没有达成产业模式创新发展的共识，导致乡村旅游的后劲乏力。

（三）乡村旅游综合效益低

随着近些年乡村旅游的火热开展，广大乡村纷纷发展旅游项目，而盲目开发造成了大量旅游资源浪费。乡村旅游所带来的社会、经济、文化、产业效益，使得社会资本和掌握雄厚资金的投资者纷纷涉足乡村旅游行业，地方政府有时为区域经济的发展和指标任务的完成，对于资本的拥有者也持欢迎态度，而没有附加应有的其他限制条件，导致很多投资者不顾及当地乡村旅游资源性质和产品开发规模，过度利用自然资源进行开发和建设，甚至一度造成自然资源的破坏和生态系统的毁损，利益驱动下的投资者既不会过多考虑当地生态环境的保护，也不会顾及当地居民的受益权利和居住条件的改善。逐利行为的过重趋势如果持续下去，将导致乡村失去古朴的乡土气息，走上商业化道路，失去乡村旅游的核心吸引力，威胁发展的长期可持续性。

三、文旅融合驱动下乡村旅游与乡村振兴协同机制

文化是旅游的灵魂，旅游是文化的载体和市场，文化和旅游之间是相辅相成、相互促进、相得益彰的关系，二者具有天然的耦合性、内在的自洽性。文旅融合是在新思想指导下的再度深化文化和旅游业的改革与创建。文化发展领域与旅游发展领域分别是两个庞大的系统，二者在各自的发展轨道上又具有常年积累下来的发展逻辑和思维惯性，二者之间的融合涉及观念、制度、机制、市场、主体等多个方面，是一个长期性、战略性任务，需要文化和旅游领域的政、产、学、研、媒的协同努力。文化和旅游融合发展是从国家层面推动的关乎国家文化发展大计、旅游市场繁荣的战略性举措。

（一）乡村文化与乡村旅游

1. 文化、农业与旅游的关系

（1）文化与旅游

旅游是一种社会活动，文化在旅游过程中有着不可替代的作用，文化是旅游开发的精髓。没有融入文化的旅游就像一个空壳，缺乏灵魂。旅游产品中的文化内涵，既是满足游客的文化需要，也体现了旅游资源的文化价值。生活水平的提高使得人们的文化需求越来越强烈，因此人们越来越注重旅游产品中所展现的文化及深层次的内涵，希望旅游产品能够满足其文化需求。所以，在旅游活动中，游客不再满足于简单观光，而是更倾向于了解旅游地的文化内涵。正是这种需求促使旅游地需要更加深入探索、挖掘自身的文化，在开发过程中将文化融入旅游产品中。由此可以看出，文化和旅游是融

合在一起的、密不可分的，二者能够相互促进，不仅旅游业能够得到长足发展，文化也能够得到应有的保护和发扬。

（2）文化与农业

由于中国自古以来都是农业大国，在农业发展过程中所形成的社会意识形态和生活方式就是农业文化。农耕文化是我国农业文化的基础，在宋代以前，是我国农业文化的轴心。随着社会、经济的发展，现在我国的农业亟需转型。当前，文化与农业相融合是大势所趋，这不仅能够拓展文化的传承途径，同时挖掘现代农业中的文化因素，并积极利用，还能够丰富农业产业结构，创新农业生产经营模式。

（3）农业与旅游

休闲农业与乡村旅游的本质就是农业与旅游业的融合，为那些想要回归大自然、感受农耕乐趣、体验乡村生活的人提供了一种独特的休闲方式，其主要客源是城市居民。农业与旅游业的融合，以乡村自然风光、民俗习惯等乡村旅游资源为依托，为游客提供饮食、住宿等，让游客体验农耕、采摘、垂钓等活动，享受回归田园的乐趣。农业与旅游的产业融合，不仅能够满足城市居民的精神需求、体验田园生活，还能够拉动农村经济的发展。同时，农业与旅游的融合还丰富了旅游的形式。

2. 农业文化的历史悠久性

古代中国在黄河边，古埃及在尼罗河边，古巴比伦在幼发拉底河和底格里斯河边，古印度在恒河边。不难发现，四大文明古国靠近河流，自然环境好，适宜种植、居住，因此文化才得以繁荣发展。中国是最早发展农业的国家，因此也是最早形成文化的国家。

在距今 10 000 年左右的新石器时期，黄河中下游地区植被郁郁葱葱，土壤肥沃，适宜种植，在这里最先发展了原始农业。距今 8 000 年左右的裴李岗文化，出土了许多农业生产工具和粮食加工工具，这表示农耕文化已经出现了，并得到一定的发展。仰韶文化时期，距今 6 000 年左右，出现了大型定居村落，饲养家畜，这表示我国农业已经进入了锄耕阶段。在此基础上，我国出现了最早的奴隶制农业经济。在公元前 2 000 多年前的夏朝，我国逐渐从原始农业向传统农业过渡。在我国农业发展过程中，出现了许多与农业相关的哲学和政治思想，如重农思想、民本思想、务实、安土乐天等，因此中国古代文化很大程度上就是农业社会的文化，深刻影响了我国国民的思想和传统。

3.文化在乡村旅游中的重要性

文化是一个国家软实力的体现，具有巨大的经济潜能，其深刻地影响着国民的素质和国家的发展。文化对于旅游业来说是不可或缺的因素，是发展旅游业的灵魂所在，是一个国家旅游业保持自身特色的关键所在，是提高一个国家旅游业竞争力的决定因素。

文化元素在乡村旅游的开发过程中具有极其重要的作用，它能体现一个乡村旅游地的特色。随着经济的发展和生活水平的提高，人们的精神需求和物质需求都逐渐向更高层次发展。文化和旅游有着密不可分的关系。乡村旅游只有突出自己的特色才能获得可持续发展。而乡村旅游的特色就是其文化特质，因为每个地区都有不同的地域文化。若每个地域的文化都类似，那么游客也就没有体验异域文化的必要。因此，开发乡村旅游首先就是要了解自身的文化、深入挖掘和利用地方文化。

（二）乡村旅游与乡村振兴的耦合关系

乡村旅游发展系统与乡村振兴系统二者具有明显的耦合关系：乡村振兴是乡村旅游发展的助推器，对乡村旅游的可持续发展起到了不可忽视的作用；乡村旅游有助于农业多功能性价值的实现，是乡村振兴实施的有效途径。二者互相作用、互相促进、协调发展。乡村旅游发展对乡村振兴的促进作用，主要体现在促进产业兴旺、生态环境优化、乡风文明建设、乡村治理结构完善、乡村居民生活富裕的实现；乡村振兴推动乡村旅游发展体现在促进旅游环境优化、经济效益增加、景观质量提升、旅游设施完善、服务管理改善。此外，乡村旅游发展和乡村振兴两系统还与外界存在物质、能量及信息交换，经过影响和反馈介入到耦合关系中，成为影响耦合度的重要因素。两大系统耦合关系见图1-1。

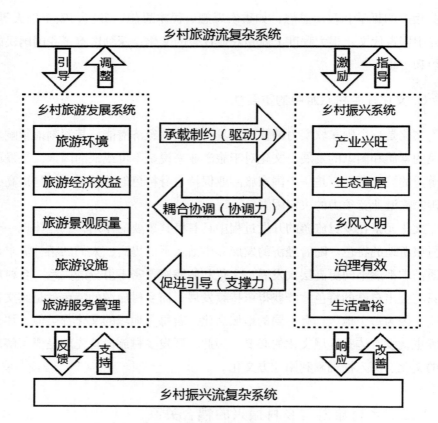

图1-1　乡村旅游发展与乡村振兴的耦合关系图

1. 乡村旅游发展对乡村振兴的作用

本书对乡村振兴系统的研究着眼于产业兴旺、生态宜居、乡风文明、治理有效、生活富裕五个方面，将分别解释乡村旅游发展对五个部分的影响。

（1）乡村旅游发展促进乡村产业的兴旺

旅游业现逐渐发展成一二三产业融合的综合性、高关联度产业，具有极强的产业整合能力，不断衍生出新产业和新业态。例如，旅游业与农业融合，衍生出采摘、体验、观赏、农家乐等新型农业产业；与乡村特色文化融合，衍生出旅游演艺、游艺等新型乡村文化产业形态，盘活了乡村市场，带动了餐饮、交通等企业发展，全方面促进了乡村经济建设和产业兴旺。

（2）乡村旅游发展促进乡村生态环境改善

生态宜居是实现乡村振兴的基础，其重点是改善乡村的生态环境和居住环境，乡村旅游在自身发展的过程中恰好满足了生态宜居的要求。乡村旅游开发以乡村优良的生态环境和旅游资源为基础，在保证乡村经济和生态环境可持续协调发展的同时，为乡村生态环境的保护和治理注入资金的支持。旅游景观与乡村道路建设相融合，提高了乡村交通的通达率。此外，乡村旅游的发展在满足游客需求和提高旅游满意度的同时，可以提升乡村供给质量；旅游开发过程中的基础设施的建设，有利于为乡村营造更宜居的生态环境；乡村居民会逐渐意识到生态环境对乡村旅游发展的重要性，从而逐渐提高保护环境的自主性。

（3）乡村旅游发展促进乡风文明建设

乡村特色传统文化是乡村旅游的关键吸引要素之一。乡村旅游的开发重视乡村肌理保护，在带来资金流、技术流的同时，着力于挖掘民俗、民风等非物质文化，令乡村文明得以绽放。在乡村旅游发展过程中，村民的传统建筑、独特工艺、民风习俗等得到了有效的保护和弘扬，为当地居民带来了经济效益和民族自豪感的同时，能够有效增强村民对传统文化的自主保护意识，进一步助推了乡风文明建设。

（4）乡村旅游发展促进乡村治理结构完善

乡村旅游是多产业融合发展的综合型产业，乡村治理机制需要不断改革创新。乡村旅游的发展促使乡村居民参与其中，并成为经营主体，使乡村治理由简单的"农—民"治理转变为"人—人""人—地""人—物""人—业"和谐共生的全面治理模式，促进了民主管理，完善了乡村治理体制。

（5）乡村旅游发展促进乡村居民生活富裕的实现

乡村旅游的发展具有显著的经济带动作用，可以将乡村农业资源有效地转换为经济资源，同时解决了当地部分农村劳动力就业问题，增强了社区居民参与度，拓宽了增收渠道，使农村居民直接或者间接地获得了乡村旅游发展所带来的经济效益，实现了乡村富裕和农民富足。

2. 乡村振兴对乡村旅游发展的作用

（1）乡村振兴促进乡村旅游环境的优化

乡村振兴可以为乡村旅游地环境的优化提供资金支持，在实现乡村振兴"生态宜居"目标的同时，保证了乡村旅游环境的可持续发展。乡村振兴的实施为乡村旅游的发展提供了制度支持和法律保障；同时，乡村振兴会使村民意识到人与自然和谐共生的重要性，在保护自我居住环境的过程中，既为乡村旅游地提供了旅游资源，也维护了乡村旅游所依托的自然生态环境，促使乡村旅游环境得以保护和优化。

（2）乡村振兴促进乡村旅游经济效益的增加

乡村振兴的重点是产业兴旺，是对经济规模和质量提出的要求。乡村产业的兴旺以及结构的优化，可以更好地实现农业与旅游产业的深度融合，丰富旅游产品的多样性。与此同时，乡村振兴可以促使乡村旅游产业聚集及产业链延伸，增强旅游吸引力和竞争力，实现乡村旅游经济效益的增加。

（3）乡村振兴促进乡村旅游景观质量的提升

乡村振兴能为乡村旅游发展提供政策支持和资金支撑。我国作为农业大国，农村基数庞大，现成为我国投资建设的重点对象。此外，乡村振兴政策的推行与实施，可以为乡村旅游的开发吸引众多投资商，乡村旅游景观建设得到了资金保障，有利于促进乡村旅游景观数量和质量的提升。

（4）乡村振兴促进乡村旅游设施的完善

乡村振兴可以为乡村旅游的发展提供建设资金，在进行乡村自身建设的同时，促进乡村旅游地基础设施的完善。乡村振兴过程中采取的环卫设施建设、道路交通改善、文娱场所建设、餐饮住宿设施规整、村庄环境美化等一系列措施，均为乡村旅游发展夯实了基础，有效促进了乡村旅游的进一步繁荣。

（5）乡村振兴促进乡村旅游服务管理的改善

乡村振兴为乡村发展引进了高层次管理人才，增强了乡村各产业职业培训，规范了乡村旅游相关产业管理制度，能有效降低乡村旅游投诉发生率，提高游客的满意度。此外，在乡风文明建设过程中，能促进游客与当地村民间的关系更加融洽，增强游客体验感，有效地改善乡村旅游服务管理质量。

（三）文旅融合的双向驱动作用

快速推进的城市化，使农村传统的生产生活方式逐渐瓦解。在城乡二元发展的背景下，城市人产生一种"乡愁"情节：乡村是很多城市人集体记忆的源泉，乡村成为"他者"也就是城市人凝视的对象；机械刻板的城市生活使市民产生逃离欲望，宁静美好的乡村成为"诗意的栖居"的最佳场所。乡村的多元、活态、平民形象被凸显、构型和强化，乡村成为可观赏的去处，通过对自身文化价值的展示，场所本身具有了可参观性而呈现为旅游目的地。城市人由机械的日常生活进入宁静的乡村世界，通过参观传统民居、体验乡风民俗等，缓解身份焦虑、寻求社会认同。从产业融合的视角看来，文化和旅游产业的融合形成了新的文化旅游产业，引发原来的产业模式、价值主张、业务系统以及盈利模式的转变。在城市与乡村的结构张力下，乡村文化成为乡村发展与复兴的产业资源，文旅融合成为驱动乡村振兴和乡村旅游高质量发展的关键，涉及乡村文化意义评估、转译、传播、消费等环节，从根本上可以协同。

1. 文旅融合发展是旅游消费升级的客观需求

中国旅游市场消费升级的动因主要来自几个方面。一是中国新一代主流旅游消费群体的崛起，即"70后""80后"为主体的新中产和"90后""00后"新一代青年消费主体，他们不再满足于传统旅游形式，更喜欢个性化、多样化的旅游选择，旅游内容的文化性、知识性需求不断提升。二是新一代旅游消费主体对文化类景点和景区文化属性的需求增长，离不开国家倡导的传统文化复兴的战略决策引导，以及改革开放40年后，中国整体实力提升和物质需求得到基本满足后，逐渐对中国文化的回归和内在心灵渴望和求知动机。三是新技术革命飞速发展和快节奏、机械化的城市工作与生活，催生出更多的新一代旅游消费渴望回归乡野、诗意栖居的文化需求。

2. 文旅融合发展是对旅游的人文属性的体认

中国旅游业发展长期以来比较注重旅游行为的经济学意义上的考虑，对不同游客的个性化需求关注比较少。但旅游本身是一种当代文化行为，是人类个体基于自身的文化、精神需求而开展的空间流动性的行为，游客不仅是经济学意义上的数字，更是人文学意义上的生命，旅游的决策、动机、体验与游客个体的审美趣味、文化背景等诸多人文性因素息息相关。促进文化旅游融合发展，对旅游的人文性认知，是对每一个活生生的游客个体的生命特性、精神特性和行为特性的关照。

3. 文化旅游融合发展是国家与地方文化发展与产业转型的新动能

国家与地方文化建设常年以来坚持文物保护、公共文化服务、文化产业发展的三轮驱动模式，但是我们在调研中发现，地方文物保护、公共文化服务更多依靠财政支持，缺乏活力。文化旅游融合发展有利于为地方协调和统合文物保护、公共文化服务、文化和旅游产业发展提供全新发展思路，同时为一些文化资源富集、经济欠发达地区文化发展带来旅游市场因素这样的经济动能，激活地方的特色文化资源。

（四）文旅融合遵循的原则

1. 真实性原则

真实性原则是文旅融合理念进一步发展要遵循的首要原则，文旅融合的发展要在真实性的大原则下进行，即保持旅游资源本来的、真实的面貌，不得因为任何原因破坏其本质。众所周知，旅游产品既可以是名胜古迹，历代流传至今各类文物遗址，也可以是人类社会后天创造出来的实物景观或仿古造型。无论哪一种，满足旅游消费者的需求是衡量旅游产品价值的重要指标。但在文旅融合的理念中，保持历史风貌建筑、古代雕塑、壁画等各类具有历史人文价值的旅游资源的真实性则是第一要务，并且不可为了商业利益或者其他原因而改变其原貌，适度的修缮当然是允许的。所以，文旅融合是一种理念、是一种认知，绝不是对旅游资源原貌的改变。真实性原则也是世界各国所公认的认定、甄选、保护文化遗产的首要原则。

2. 完整性原则

很多旅游景观或者景区因其自身独特的发展历史可被称之为文化遗产，如本书研究的对象——天津五大道街区，有着浓厚的历史特色。文化遗产和自然遗产相比较而言，其最有特色的地方在于文化遗产产生于特定的地域，是特定时期的文化产物。因此，保持其完整性是首要任务。完整性主要包括两个方面，即结构的完整和系统的完整，结构的完整指文化遗产的内外部结构的完整，这是最直观的外在体验。系统的完整是指文化遗产不是孤立存在，是存在于社会环境、自然环境之中，和周围的一切事物都共存共生的。例如，五大道历史街区就是存在于五条道路之中，隐藏于道路之中的洋楼、西式建筑、名人故居、地标式建筑等人文景观和这五条道路和谐共生，共同组成了一套文化系统，有着独特的文化符号，这也是其中完整性的体现。

3. 独特性原则

很多旅游景点既是旅游产品又是文化遗产，作为不同历史时期的遗留物，文化遗产反映着时代的变迁和历史的兴衰，也融入了不断变化的时代特征和价值元素，但始终不变是专属其自身的历史痕迹和文化符号。每一处文化遗产都是人类对于历史的另一种记录，只是通过不同的景观特征所表现出来。我们在做文旅开发事业的过程中，要注意保持旅游景观的独特性和专属性，要尊重历史、尊重前人对于历史的记录，要承认不同时期所留下的痕迹，不能随意去改变、破坏，要保持文化遗产的独特性。

文旅融合理念的运用要坚持每个旅游景点的独特性甚至唯一性，如本书研究的对象五大道，就是这样独特的存在，五大道其实只是一个代名词，它是一个历史街区的代名词，但更多的是历史与文化的代名词。在这占地1.31平方公里的区域内，道路纵横，欧式洋楼林立，这里流传着百年的人文故事，这里包含着社会学、历史学、建筑学、美学等不同的文化，是天津文化的标志性旅游景区，在全国范围内来看，由于其特殊的历史原因，也是极具特色的旅游资源，也是传承、了解中国近代文化的载体，是不可多得的独特的文化财富。在这样的一片区域，采用文旅融合的理念发展五大道的旅游业，是非常合适的，但要坚持并承认其独特性，因地制宜地进行开发与保护。

17

第二节　研究对象和内容

一、相关概念的界定

（一）文旅融合

产业融合的思想最早由美国的 Rosenberg 提出，产业融合理论发展到如今理论体系在不断地丰富。产业之间具备市场性、关联性以及动态性三种特性，才能真正地实现融合。在我国，以2018年原国家文化部和原国家旅游局合并组建新的国家文化和旅游部为标志，文化和旅游融合发展成为国家重大文化战略。从产业融合的角度来看，首先，文旅融合不是文化和旅游的简单相加，而是"以文促旅，以旅彰文"实现1＋1>2 的成效，是文化和旅游资源相互融通形成的发展方式、模式和业态创新；其次，文旅融合是职能的融合，文化口和旅游口的话语体系需要高度融合；最后，文旅融合是市场的融合，让市场在配置文化和旅游资源中起决定性作用，最终创造出被市场认可的高文化内涵、深度文化体验的文旅项目，提升高旅游活动质量，满足人民文化旅游消费需求得到满足。同时，文化旅游产业作为一种全新的低碳环保、无污染、高附加值的现代服务业产业类型，正在成为推动地方经济社会转型发展的新动能和新的生产力。

2020年，《中共中央关于制定国民经济和社会发展第十四个五年规划和二〇三五年远景目标的建议》提出，"推动文化和旅游融合发展，建设一批富有文化底蕴的世界级旅游景区和度假区，打造一批文化特色鲜明的国家级旅游休闲城市和街区，发展红色旅游和乡村旅游"，标志着文化和旅游业进入了文旅融合发展的新时代，实现文化和旅游产业双向互动和充分发展具有重要的战略意义。

（二）乡村旅游

乡村旅游最早出现在西班牙，用来指传统的较长时间的且已经发展完全的沙滩阳光游。随后，受到欧洲的影响，其他形式的旅游开始发展，这其中也包括现代意义上的乡村旅游。不久之后，乡村旅游在欧洲开始风靡，尤其是那些希望逃离城市生活，体验乡村平静的人。

欧洲联盟和世界经济合作与发展组织将乡村旅游定义为"在乡村地区进行的旅游活动"，并进一步认为"乡村性是乡村旅游主要和独特的卖点"。

乡村旅游种类广泛，David等将乡村旅游分为五大类，包括乡村生活方式旅游、乡村文化遗产旅游、乡村活动旅游、乡村健康旅游、乡村烹饪旅游，涵盖农村住宿游、农场游、乡村堡旅游、打猎旅游、钓鱼旅游、健康游、葡萄酒游等约四十个旅游小类。

学者们从不同角度对乡村旅游做了研究。比如，为了更好理解乡村旅游的目的地忠诚度的影响因素，Su等人重建可持续生计框架，用以分析中国安徽省河图镇的旅游业和农村生计。[①]采用混合方法研究设计，包括定量问卷调查和定性半结构化访谈。结果讨论了加强旅游业参与和确保适当的利益分享的实际影响，重点讨论了政府的作用。Chin等人的研究目的在于从地方社区的角度探讨多元环境因素对旅游目的地竞争力发展的影响。[②]来自马来西亚沙捞越长屋寄宿家庭的 80 个当地社区自愿参加了这项研究，这项研究的结果显示，从当地社区的角度来看，文化遗产景点和自然资源对目的地竞争力的发展都有积极的影响。

国内的学者们也提出了自己的观点。冯淑华等将维度定位在以下五个方

① Su M. M., Wall G., Wang Y., et al. Livelihood sustainability in a rural tourism destination—Hetu Town, Anhui Province, China[J].*Tourism Management*，2019，（71）.

② Chin C. H., Lo M. C., Songan P., et al. Rural Tourism Destination Competitiveness: A Study on Annah Rais Longhouse Homestay, Sarawak[J]. *Procedia —Social and Behavioral Sciences*,2014,（144）.

面，即旅游资源基础、社区参与、旅游业的地理位置、区域条件、可持续发展等。[①]这五点大致反映了乡村旅游的乡村本质。

二、乡村旅游与乡村振兴耦合关系

（一）乡村旅游发展与乡村振兴的耦合动力机制

1. 耦合动力机制分析

乡村旅游发展系统与乡村振兴系统相互耦合作用的过程中受到多种因素的影响，多种动力共同推动着二者紧密结合，对其耦合动力机制做如下剖析。乡村旅游发展与乡村振兴的耦合动力引入三围坐标的概念，即相对独立的三个变量在一定作用下构成具有一定意义的点，则乡村旅游发展与乡村振兴的耦合动力机制可理解为：由于社会各界人士对农业转型升级的诉求以及国家、政府政策上的支持，使得乡村振兴快速推动，故在一定空间内，乡村居民生活质量和居住环境不断提升，经济生产状况得到有效改善，资源得到合理开发利用。有关管理部门综合协调等，使乡村旅游发展与乡村振兴逐渐表现出耦合发展态势，这些动力的变化会使耦合最终构成一个作用力汇聚的"点"——乡村旅游发展与乡村振兴互相融合，共同呈螺旋式上升。

（1）耦合需求驱动力

需求驱动力是乡村旅游发展与乡村振兴耦合的根本动力，由于城市环境质量日趋下降，城市居民生活节奏加快，并且随着居民可支配收入的增多和交通的日益便捷，逐渐衍生了回归自然的乡村型旅游行为。游客在乡村旅游活动过程中，更加注重乡村旅游景观环境和文化体验。为满足游客需求，乡村旅游目的地在开发。旅游资源时会注重环境的保护和优化，注重乡风文明

---

① 冯淑华，沙润.乡村旅游的乡村性测评模型——以江西婺源为例[J].地理研究，2007，（3）.

建设，为游客提供良好和谐的旅游氛围，同时还会加强对乡村基础设施的建设以满足游客的基本需求；乡村居民参与乡村旅游活动的过程中，为满足游客需求会不断提高服务意识，增强服务水平，从而逐步推动乡村振兴。游客对乡村旅游的需求以及实现乡村振兴的需要推动了二者向更高层次耦合发展。

（2）耦合内生吸引力

吸引力是乡村旅游发展与乡村振兴耦合的主导力量，是驱动二者耦合变化的内力。乡村旅游发展与乡村振兴耦合吸引力包含物质吸引和非物质吸引。

所谓物质吸引，即通过对旅游地资源合理开发、完善基础设施建设、优化乡村旅游景观环境等达到吸引游客参与旅游活动的目的。在此过程中，推动了农村产业转型升级，促进了乡村经济发展，从而有利于实现乡村振兴。乡村旅游发展在为乡村带来经济效益的同时，会促使政府、企业等对乡村旅游的发展投入更多建设资金。

非物质吸引，即乡村的民俗、民风、建筑、工艺等传统文化。通过加强旅游地民风建设和居民对传统文化的保护意识，对当地文化特色、旅游地形象塑造具有重要意义，而乡村旅游的发展会促使乡村居民增收，有利于民族传统文化的保护和传承，从而形成了乡村旅游发展与乡村振兴互相促进，相互推进的良性循环系统。

（3）耦合协调支持力

协调支持力是乡村旅游发展与乡村振兴耦合的辅助力量，对二者的耦合发展起指导性作用，主要体现在政府部门。近年来，党中央、国务院及各级政府大力支持发展乡村旅游，在给予政策支持的同时，提供资金支持和技术保障。党的十九大报告提出了"乡村振兴"的重大发展战略，是中国实现"两个一百年"的伟大目标，是全面建成小康社会决胜时期的重要组成部分。自乡村振兴提出以来，各乡村旅游地政府将乡村振兴战略作为工作的重中之重，制定各项优惠政策，致力于发展乡村旅游以进一步推动乡村振兴。政策、资金的支持以及相关法律法规的制定，均为乡村旅游发展与乡村振兴的耦合提供了有力保障。

2. 耦合动力传导模型

乡村旅游发展与乡村振兴耦合系统是开放的、复杂庞大的交互性系统，系统内各个要素之间相互作用，为了更直观地分析要素间的相互作用，利用系统动力学软件建立两系统的耦合动力模型。

在系统模型中，乡村旅游子系统处于系统模型的核心位置，与乡村振兴子系统相互作用，相互制约，彼此反馈。本书构造的乡村旅游与乡村振兴的耦合系统包含乡村旅游发展和乡村振兴两个子系统模块，其中乡村旅游发展子系统主要受到乡村旅游效益、乡村旅游环境、乡村旅游景观质量、乡村旅游设施和乡村旅游服务管理等因素的影响；乡村振兴子系统主要受到乡村产业发展、乡村生态宜居、乡风文明建设、乡村治理机制及农村居民富裕程度等因素的影响，各因子选取正向指标。

（二）乡村旅游发展带动乡村振兴的提升路径

大力发展乡村旅游，推动乡村振兴，是未来一个时期我国积极倡导和实施的兴农战略手段。助推乡村旅游向规模化、集约化、智慧化、生态化、品牌化方向发展，是建设美丽乡村、实现精准扶贫的重要前提，也是我国旅游业走向专业化发展道路的有益探索，更是实现乡村振兴可持续发展的有力抓手。因此，针对在乡村振兴过程中乡村旅游发展所带来的负面问题，应结合乡村旅游的自身特点，着力于问题的解决和旅游综合效益的提升，构建新时代乡村旅游与乡村振兴有机结合的创新模式，真正实现乡村旅游与乡村振兴的和谐共进和高质量发展。

1. 着力打造特色旅游文化品牌，实现乡村本土文化传承与发展

乡村旅游对于推动乡村振兴战略的实施具有积极的作用，也只有在乡村旅游产业长期健康、稳定发展的条件下，才能不断为乡村振兴注入生机和活力。而乡村旅游的长远发展，必须创立具有本土乡村特色的支柱品牌和文化品牌，为乡村旅游资源的开发和投入指明发展方向，实现发展方式由粗放式旅游开发向集约化、精细化方向转变，利用文化品牌效应吸引周边城镇居民的出行安排，通过挖掘乡村特色和历史文化习俗搭建文化品牌新形象，利用不断创新的文化形式，宣传乡村旅游的独特性、趣味性，并增强观光休闲体验，使受众群体能从众多的同级乡村旅游产品中主动选择本土特色文化旅游

项目，并从乡村旅游中了解其历史、文化、民俗、民情，从而实现对乡村本土文化的传承和发展。打造乡村特色文化品牌，构建自己的文化品牌体系，将会提高乡村旅游的市场竞争力，促进其综合效益的持久实现。

2. 积极提倡"泛旅游产业"，构建多产业联动绿色生态产业链

作为促进乡村振兴手段的乡村旅游，在未来乡村产业化发展过程中依然占据重要地位，如何发挥乡村旅游的巨大潜力，将成为下一阶段乡村振兴的重要抓手。乡村旅游涉及交通运输、住宿建筑、民俗文化、基础设施等众多产业，需在今后的发展和质量效益的提升过程中加强与其他产业之间的联合，倡导"泛旅游产业"发展新模式，以旅游产业的发展带动其他相关产业的快速成长和产业交叉融合，深度开展农产品加工，通过旅游观光吸引游客购买深加工特色农产品，实现加工业创收；借助互联网新兴科技，助力乡村旅游特色线路的线上宣传，通过线上线下的双向联动为乡村旅游发展提质增效；可持续发展乡村旅游，构建绿色生态产业链，以绿色、天然、工艺、绝活为特征理顺产品、项目、活动一体联动的经济发展脉络，形成绿色、健康的产业链。

3. 加快推动乡村旅游与脱贫攻坚的精准对接，全面强化扶贫旅游和防返贫旅游

鉴于乡村振兴过程中，贫困地区所占比例较大，因此乡村旅游的一大艰巨任务便是发展扶贫旅游，助推乡村地区脱贫致富，唯有如此，才能真正实现乡村振兴。

首先，政府应加大力气扶持扶贫旅游模式，根据不同区域文化、地域、风土人情、经济发展水平等差异，放权给地方政府，地方政府应积极与资本投资方建立长期合作关系，并进一步完善乡村旅游脱贫投资体制机制，协调落实好各方利益分配，尤其要维护好贫困地区人口的经济权益。

其次，应加速推动乡村旅游与脱贫攻坚政策的精准对接，变资源为资产，变不利为有利，变贫民为富民，通过综合分析本地区发展旅游所具备的地域、市场、人力等条件，并结合调研结果创新发展具有地域特色的精准扶贫模式，同时应夯实乡村振兴的组织管理和制度基础，助推贫困地区乡村的

人才振兴、政策振兴、模式振兴、发展振兴。

4. 注重保护乡村居民的利益分配权益，创新乡村金融体制

乡村旅游发展过程中最值得关注的一个问题是资金来源及其分配问题。处理好资金来源及其分配问题，可解决乡村旅游发展过程中的后续资金补给问题，也可减少投资者与利益分配主体间的矛盾、摩擦，共同致力于乡村振兴。

首先，地方政府应利用乡村旅游的巨大潜力，出台利好政策吸引外商或本地投资商，并利用招商引资的办法整合涉农专项资金，让资本发挥其最大的社会价值，实现旅游项目资金的可持续化和效益化。

其次，应完善乡村和外部力量合作的体制机制，制定有利于各方投资主体的利益分配方案，并加强后续利益的分配落实。

最后，应创新乡村金融秩序，设立普惠金融村级服务点，开展乡村金融服务，有效满足乡村居民助力旅游兴旺的金融需求。同时，应开展信用体系建设，以金融手段撬动乡村旅游，最终实现乡村振兴。

5. 构建"三农"融合旅游发展新模式，树立大农业发展观

乡村旅游要想实现长远发展，必须结合各地区不同的实际情况，摸清适合当地旅游发展的脉络，找准当地旅游发展的方向。

首先，应结合地域农业发展特色、农村地貌特点、农民饮食习俗等创新旅游发展新模式，以乡村为载体，以特色农产品为支柱，以绿水青山为财富，更新游客旅游体验，参观农产品加工厂，亲自感受产品生产加工过程；加快信息、交通、电力、宾馆等配套设施建设，在可实施的基础上兴建机场、高铁，形成"全域一张网、融入全国网"。

其次，应转变旅游观念，树立大农业大旅游大生态发展观，优化升级旅游休闲农业，聚焦后旅游时代形成乡村旅游新热点、新流量，积极响应新农村建设，助力美丽中国建设，加速城乡一体化推进，实现乡村旅游与乡村振兴的同频共振、协同发展，用理念更新带领行动更新，实现农民增收、农业增长、农村稳定。

三、研究思路和内容

本书围绕文旅融合这一背景，探究乡村旅游规划与乡村振兴发展。

第一部分为绪论，探讨研究的目的、意义、对象与内容。

第二部分分析文旅融合与乡村振兴、乡村旅游的关系，实现文旅融合与乡村振兴的互动关联，促进乡村旅游转型升级。

第三部分具体探讨文旅融合背景下乡村旅游规划的创新、乡村旅游资源的开发、乡村旅游形象的塑造与传播、乡村旅游市场的开拓、乡村旅游基础设施条件的改善以及乡村生态文明建设与旅游可持续发展。

第二章　文旅融合与乡村振兴的互动关联

　　文旅融合是乡村发展的"捷径"。"文化是旅游的灵魂，旅游是文化的载体"。古人说，"读万卷书，行万里路。"现代社会，随着人民群众生活质量的不断提升，对文化的追求、旅游的需求都在不断扩大，人们更加有时间和精力用在文化享受、旅游体验上，这为乡村发展打开了一扇大门。对于文旅消费者来说，一场完全没有文化的旅行是不可想象的，正如一种完全不能流动的文化是不可持续的。从旅游消费的"大数据"统计看，人们选择旅游的出行方式，多是以异地为主，这就意味着对"他乡"的文化了解有一定的期盼，正如当下流行的"诗与远方"追求。因此，在旅游目的地打造上，文化融入是不可或缺的重要一部分。综合来看，乡村文旅产业的融合实践是乡村振兴的助推器，以发挥农民文化主体作用为重点，以乡村文化和乡村产业振兴为目标效果，以创造乡村美好生活为导向，推进乡村全面振兴。本章就具体分析文旅融合与乡村振兴的互动关联。

第一节　实施乡村振兴战略的意义

一、有利于实现社会主义现代化建设战略目标

社会主义现代化建设是我国现阶段的重要任务，这一建设目标的实现需要各方努力，其中就包括乡村振兴战略的贯彻实施。习近平总书记在党的十九大报告中明确提出，到建党100年时建成经济更加发展、民主更加健全、科教更加进步、文化更加繁荣、社会更加和谐、人民生活更加殷实的小康社会，然后再奋斗30年，到中华人民共和国成立100年时，基本实现现代化，把我国建成社会主义现代化国家。农业农村现代化是国民经济的基础支撑，是国家现代化的重要体现。中国要强，农业必须强；中国要美，农村必须美；中国要富，农民必须富。任何一个国家尤其是大国要实现现代化，唯有城乡区域统筹协调，才能为整个国家的持续发展打实基础、提供支撑。农业落后、农村萧条、农民贫困，是不可能建成现代化国家的。中国共产党始终把解决13亿人的吃饭问题当作头等大事，着力保障主要农产品的生产和供给；始终坚持农业是工业和服务业的重要基础，保护和发展农业，以兴农业来兴百业；始终坚持农村社会稳定是整个国家稳定的基础，积极调整农村的生产关系和经济结构，促进农村社会事业发展，以稳农村来稳天下；始终坚持没有农民的小康就没有全国的小康，千方百计增加农民收入，改善农村生产生活条件，增进农民福祉。

从我国经济社会发展实际来看，农业农村发展自改革开放以来取得了巨大进步，现代化水平也在很大程度上有所提高。但要清醒地看到，我国仍处于社会主义初级阶段，农业农村是国家全面小康和现代化建设中尤其需要补

齐的短板；农业受资源和市场双重约束的现象日趋明显，市场竞争力亟待提升；城乡发展差距依然很大，农民收入稳定增长尤其是农村现代文明水平提高的任务十分艰巨。我们必须切实把农业农村优先发展落到实处，深入实施乡村振兴战略，积极推进农业供给侧结构性改革，培育壮大农村发展新动能，加强农业基础设施建设和公共服务，让美丽乡村成为现代化强国的标志，不断促进农业发展、农民富裕、农村繁荣，保障国家现代化建设进程更协调、更顺利、更富成效。

二、有利于解决我国社会存在的主要矛盾

改革开放刺激了我国经济、政治、社会、文化等各个方面的发展，人们的生活质量显著提高，当前我国社会主要矛盾已经转化为人民日益增长的美好生活需要和不平衡不充分的发展之间的矛盾。当前，城乡发展不平衡是我国最大的发展不平衡，农村发展不充分是最大的发展不充分。加快农业农村发展，缩小城乡差别和区域差距，是乡村振兴的应有之义，也是解决社会主要矛盾的重中之重。习近平总书记强调，任何时候都不能忽视农业，不能忘记农民，不能淡漠农村。我国是一个有着960多万平方千米土地、13亿多人口的大国，城市不可能无边际扩大，城市人口也不能无节制增长。不论城镇化如何发展，农村人口仍会占较大比重，几亿人生活在乡村。即使是城里人，也会向往农村的自然生态，享受不同于都市喧闹的乡村宁静，体验田野农事劳作，品赏生态有机的美味佳肴。当前我国经济比较发达的城市，已经达到了与欧洲、美国不相上下的发达程度，但是很多农村地区与发达国家的差距十分巨大。很难想象，衰败萧条的乡村与日益提升的人民对美好生活的需要可以并存。农宅残垣断壁、庭院杂草丛生、老弱妇孺留守、陈规陋习盛行，显然是我们发展不平衡不充分的具体体现，必须下大决心、花大力气尽快予以改变。要协调推进农村经济、政治、文化、社会、生态文明建设和党的建设，全面推进乡村振兴，让乡村尤其是那些欠发达的农村尽快跟上全国的发展步伐，确保在全面建成小康社会、全面建设社会主义现代化国家的征程中不掉队。

三、有利于广大农民对美好生活的期待

我们党始终重视农业农村的建设与发展，时代发展对"三农"工作提出了新要求，以习近平同志为核心的党中央着眼党和国家事业全局，把握城乡关系变化特征和现代化建设规律，对"三农"工作作出了进一步指示，充分体现了以人民为中心的发展思路，科学回答了农村发展为了谁、发展依靠谁、发展成果由谁享有的根本问题。习近平总书记多次指出，小康不小康，关键看老乡；强调农民强不强、农村美不美、农民富不富，决定着亿万农民的获得感和幸福感，决定着我国全面小康社会的成色和社会主义现代化的质量；明确要求全面建成小康社会，一个不能少，共同富裕道路上，一个不能掉队。中国共产党一直以来把依靠农民、为亿万农民谋幸福作为重要使命。这些年来，农业供给侧结构性改革有了新进展，新农村建设取得新成效，深化农村改革实现新突破，城乡发展一体化迈出新步伐，脱贫攻坚开创新局面，农村社会焕发新气象，广大农民得到了实实在在的实惠，实施乡村振兴战略、推进农业农村现代化建设的干劲和热情空前高涨。2018年中央一号文件明确提出实施乡村振兴的三个阶段性目标任务：到2020年，乡村振兴取得重要进展，制度框架和政策体系基本形成；到2035年，乡村振兴取得决定性进展，农业农村现代化基本实现；到2050年，乡村全面振兴，农业强、农村美、农民富全面实现。只要我们坚持以习近平新时代中国特色社会主义思想为引领，立足国情农情，走中国特色乡村振兴道路，就一定能更好地推动形成工农互促、城乡互补、全面融合、共同繁荣的新型城乡工农关系，让亿万农民有更多的获得感，全体中国人民在共同富裕的大道上昂首阔步、不断迈进。

四、有利于中国智慧服务于全球发展

不断思考、不断创新是我们党的光荣传统，我们党在革命、建设和改革

发展进程中，以中国具体实际和现实需要为基础，积极开展实践探索，在国家富强和人民幸福上取得了巨大成就，同时还为全球进步、发展提供了有益的借鉴。党的十八大以来，中国围绕构建人类命运共同体、维护世界贸易公平规则、实施"一带一路"建设、推进全球经济复苏和一体化发展等许多方面，提出了自己的主张并付诸行动，得到了国际社会的普遍赞赏。同样，多年来，在有效应对和解决农业农村农民问题上，中国创造的"赤脚医生"、乡镇企业、小城镇发展、城乡统筹、精准扶贫等方面的成功范例，成为全球的样板。在现代化进程中，乡村必然会经历艰难的蜕变和重生，有效解决乡村衰落和城市贫民窟现象是世界上许多国家尤其是发展中国家面临的难题。

习近平总书记在党的十九大提出实施乡村振兴战略，既对中国更好地解决"三农"问题发出号召，又是对国际社会的昭示和引领。在拥有13多亿人口且城乡区域差异明显的大国推进乡村振兴，实现产业兴旺、生态宜居、乡风文明、治理有效、生活富裕，实现新型工业化、城镇化、信息化与农业农村现代化同步发展，不仅是惠及中国人民尤其是惠及亿万农民的伟大创举，而且必定能为全球解决乡村问题贡献中国智慧和中国方案。

第二节　实施乡村振兴战略的路径选择

一、明确乡村振兴战略的定位

乡村振兴战略与我国的国情与实际发展需求相符合，战略需要按照具体的步骤展开。到2020年，要逐渐形成乡村振兴的政策体系与基本制度框架，各个地区各个部门应该逐步确立乡村振兴的思路，以实现全面建成小康社会的这一总体目标。

到2022年，乡村振兴战略的政策体系与基本制度框架得以健全。国家的粮食安全保障水平得以提升，初步构建现代农业体系，推进农业向绿色农业靠近。农村的第一产业、第二产业、第三产业应该逐渐实现融合发展，并建立一个融合发展的格局，促进乡村产业的进一步发展。农民的收入水平也不断提升，进一步巩固我国的脱贫攻坚政策，完善我国农村基础设施条件，建立健全城乡统一的社会保障制度。农民的居住环境也应该得以改善，推进生态的美丽乡村建设，农村的基本公共服务水平也不断提升。同时，农民的精神文化生活需求也需要不断进行满足，加强基层党组织建设，提升乡村治理能力，构建完善的乡村治理体系。

二、贯彻乡村振兴战略的原则

　　原则是对行为进行约束的一个重要层面，是保证行为不脱离既定轨道的重要导引。因此，贯彻乡村振兴战略需要遵循如下几点原则。

　　第一，要坚持循序渐进，因地制宜。应该对乡村的差异性进行把握，分析乡村发展的情况，最好顶层设计，注重乡村的规划，突出规划重点，体现乡村特色，使乡村规划丰富多彩。同时，要量力而行，不能搞形式主义，也不能搞一刀切，一步步地推进。

　　第二，坚持城乡融合发展。应该努力破除体制机制的弊端，让市场在资源配置中起重要作用，并发挥政府的导向作用，推动城乡进行平等交换、自由流动，推动新型工业化与农业现代化的同步发展，推进信息化与城镇化的和谐统一，实现城乡互补与融合，共创新型工农城乡关系。

　　第三，坚持党管农村工作。也就是说，应该坚持党对农村的领导，健全党管工作，加强领导体制与党内法规建设。保证党在农村的工作中始终做到总揽全局，对各方进行协调，这样才能为乡村振兴提供有力的保障。

　　第四，坚持乡村全面振兴。应该对乡村振兴的内涵予以准确把握，将乡村中的多种价值与功能挖掘出来，对农村经济、政治、文化、社会、生态等层面的建设进行统筹谋划，注重关联性、协同性，推进协调与整体发展。

第五，坚持农业农村有限发展。应该将乡村振兴作为全党的共同行动与意志，做到步调上的统一，确定干部的配备，满足各种要素的配置，保障资金的合理投入，重视公共服务，这样才能将农业农村中的短板加以补齐。

第六，坚持改革与创新。应不断深化农村改革，扩大对外开放，激活市场与要素，调动各方面的力量为乡村振兴努力。

第七，坚持农民的主体地位。应该努力尊重农民的意愿，发挥农民在乡村振兴中的地位和作用，调动农民的主动性与积极性，让农民不断获得幸福感与安全感。

第八，坚持人与自然的和谐。绿水青山就是金山银山，因此乡村振兴战略也离不开这一原则，应该树立资源节约型与环境友好型的理念，加强治理，以绿色发展引领乡村振兴。

三、把握乡村振兴战略的总体要求

（一）坚持中国共产党领导

农业是一个国家生存和发展的基础，是实现农业农村发展，实现农民共同富裕的重要产业，是为居民提供食物、为工业提供原料的基础产业，是关系国家经济安全和社会稳定的战略产业。在有13亿多人口的中国，吃饭问题始终是事关国计民生的大事，必须把中国人的饭碗牢牢端在自己手上，坚持粮食基本自给、口粮立足国内。农业是保证和支持国民经济正常运行的基础，为工业和服务业发展提供资金、原材料、劳动力资源和广阔的市场空间。

农业是国民经济基础部门，农村是农业发展的基础，因此只有保障农村稳定，才能保障国家稳定，当前有一些发展中国家由于走了畸形的工业化、城镇化道路，形成规模庞大的贫民窟，严重影响社会安定。忽视农业农村，造成工农业比例失调、城乡二元分割差距扩大，给经济和社会发展带来重大损失，给人民生活造成严重影响。

从我国发展实际来看，虽然整体上经济社会发展取得了巨大进步，但存在城市与农村、东部与西部发展差距较大的问题。因此，想要实现全面建成小康社会、全面建设社会主义现代化的目标，重点在"三农"，最突出的短板也在"三农"。充分发挥新型工业化、城镇化、信息化对乡村振兴的辐射带动作用，加快农业农村现代化。深入推进以人为核心的新型城镇化，促进农村劳动力的转移和转移人口的市民化。积极引导和支持资源要素向"三农"流动，在继续加大财政投入的同时，鼓励更多的企业"上山下乡"，推动更多的金融资源向农业农村倾斜，支持更多人才到农村广阔天地创业创新。进一步统筹城乡基础设施和公共服务，加大对农村道路、水利、电力、通信等设施的建设力度，加快发展农村社会事业，推进城乡基本公共服务均等化。

（二）以"五位一体"为指引

第一，加强农村组织建设。加强以党组织为核心的村级组织建设，加强农村基层党组织建设，培育出优秀的党组织书记，增强村级集体经济实力，为实施乡村振兴战略提供保障。

第二，加强农村人才培养。加快培育新型农业经营主体，激励各类人才到农村广阔天地施展才华、大显身手，让那些资源留在乡村的人能够留住心，让那些愿意创业的人有信心，打造强大的人才队伍，强化乡村振兴人才支撑。

第三，推进农村产业发展。促进第一产业、第二产业、第三产业的融合发展，保证质量兴农、绿色发展，确保国家粮食安全，调整农业结构，实现乡村产业兴旺、生活富裕。

第四，完善农村生态建设。加强农村生态文明建设和环境保护，完善农业生活设施，倡导绿色生产和生活方式，以优良生态支撑乡村振兴，让农村成为安居乐业的美丽家园。

第五，推进农村文化发展。加强农村公共文化建设，培育乡土文化人才，推动形成文明乡风、良好家风、淳朴民风。

（三）调动农民积极性

我国自古是农业大国，我国农民具备勤劳、聪慧的特点，农民的智慧点亮了中国的历史发展长河。中华人民共和国成立以来，我国农民在实践中探索了"大包干"、发展乡镇企业、建农民新城与农家乐旅游等成功做法，经党和政府总结、提升、扶持、推广，转化为促进生产力发展和农民增收致富的巨大能量。

尊重农民首创精神，鼓励农民大胆探索，是党的群众路线的生动体现，也是实践证明行之有效、理当继续坚持的原则要求。在推进乡村振兴的过程中，必须认清农民主体地位，汇聚支农助农兴农的力量。

首先，保障并维护农民的合法物质利益和民主权利。在经济上切实维护农民的物质利益，在政治上充分保障农民的民主权利，是保护和调动农民积极性的两个方面。要坚持"多予、少取、放活"的方针，加快发展现代农业和农村经济，大力提升农村基础设施和公共服务水平，推进农村基层民主建设和村务公开，不断增强乡村治理能力，从而让农民真正得实惠，激发其作为主体投身乡村振兴的积极性和创造性。

其次，制定并实施长期稳定农村基本政策。稳定农村政策，就能稳定农民人心。坚持以家庭承包经营为基础、统分结合的双层经营制度，长期稳定土地承包关系，实行土地所有权、承包权、经营权"三权"分置，促进土地合理流转，发展适度规模经营。坚持劳动所得为主和按生产要素分配相结合，鼓励农民通过诚实劳动、合法经营和加大资本、技术投入等方式富起来，倡导先富帮助和带动后富，实现共同富裕。在保护粮食生产能力的同时，积极发展多种经营，推动农业农村经济结构调整等。这些基本政策符合农民的利益和愿望，有利于调动亿万农民的积极性，保护和发展农村生产力。

再次，充分尊重农民的生产经营自主权。市场经济与计划经济存在本质区别，在市场经济条件下，农户作为独立的经营主体和自负盈亏的风险承担者，其生产经营的自主权理当受到尊重。支持农民根据市场需要和个人意愿，选择生产项目和经营方式，实现生产要素跨区域的合理流动；政府侧重于规划引导、政策指导和提供信息、科技、营销等服务，创造良好的生产条件和公平有序的市场环境。

最后，鼓励农民在实践中积极创造创新。邓小平曾指出，农村搞家庭联产承包，这个发明权是农民的。乡镇企业也是基层农业单位和农民自己创造的。普通农民变为农业生产者、农民打工者、进城经商者、经营管理者、民营企业家，魔术般的角色转换中蕴含着农民的智慧和创造。尊重农民、支持探索、鼓励创造，就能找到解决"三农"问题的有效办法，就会更好地加强和改进党对"三农"工作的领导。

第三节　文旅融合与乡村振兴的有效衔接

一、"两大战略"衔接的逻辑关系

（一）乡村文化旅游与乡村文化建设的双向互动

乡村旅游作为促进乡村经济和产业发展的一种手段，是对农村自然、生态及文化的再生产。自2015年以来，党中央和各级人民政府对乡村振兴战略出台了多项政策文件，共同强调以共建共享、融合发展的指导原则推进乡村旅游与农业、教育、文化创意、健康、养老等产业的深度融合，依托农业开发多种业态的乡村休闲产品，做大做强乡村旅游产业，文旅融合与乡村振兴战略的内在关联日趋紧密。

首先，乡村振兴战略的总体目标是按照产业兴旺、生态宜居、乡风文明、生活富裕的要求实现乡村的全面振兴。2019 年中共中央、国务院公开发布《关于坚持农业农村优先发展做好"三农"工作的若干意见》，指出要建设全面小康社会必须实现农业富强、乡村美丽、农民富裕，因而需要发展乡村特色产业，实现"一村一品"，创新发展民族特色的手工业、旅游服务业、文化礼堂等。由此可知，文旅融合战略中包含乡村文化与旅游融合发展。在乡村振兴战略中，也考虑到通过发展乡村文化旅游业、乡村文化手工业来实现产业升级，因而从战略目标来看，二者都致力于振兴乡村文化，在战略目标和实施对象上具有统一性。

其次，文旅融合战略的提出既体现出文化的旅游载体，又促进了旅游对文化的彰显和传承。乡村文化旅游作为乡村旅游的文化升级，能够充分发挥乡村文化资源价值，促进乡村旅游产业提质增效。乡村文化旅游业态与乡村文化建设目标关联，进而乡村文化旅游与乡村文化建设之间存在方式与效益的互动关联。一方面，乡村文化旅游是乡村文化建设的方式选择。通过发展旅游推动乡村振兴的前提是这种旅游振兴具有有效性，要使旅游效果达到最大化，需要不断挖掘和赋予乡村旅游以新的文化价值，从乡村旅游到乡村文化旅游不是简单的旅游资源转换，更是对乡村旅游产业结构和发展模式的创新调整。作为一种高质量的发展，通过乡村文化旅游推动乡村文化的活化利用与现代转换是促进乡村文化建设的有效手段。另一方面，乡村文化建设及振兴是乡村文化旅游的效益导向。乡村文化的传承与创新是乡村文化旅游的重中之重，社会效益优先是其发展导向。在乡村文化旅游发展过程中，传承、保护、利用好乡村优秀文化资源，发展具有特色的乡村文化旅游业态，促进乡村文化生态重塑，有助于乡村文化振兴政策与目标的双重实现。

最后，文旅融合与乡村振兴具有联结点，即打通乡村一二三产业。文旅融合发展是指各类文化和旅游产业组织以产业为基本依托，通过产业联动、产业集聚、技术渗透、体制创新等方式，将资本、技术以及资源要素进行跨界集约化配置，用文旅项目将一二三产业有机地整合在一起，延伸产业价值链条、完善利益机制，最终实现产业链延伸、促进新业态形成，构建良好业态结构，以调整供给侧结构，激发消费侧潜力。乡村振兴主要是立足乡村，其目标任务是加强乡村基础设施建设，扩大乡村民生保障、扶持农业持续健康发展、加强发展乡村特色产业，即推动乡村一二三产业联合发展。那么，文旅融合和乡村振兴两大战略可共同推进并打通乡村一二三产业。

总之，文旅融合与乡村振兴具有联动性。文旅融合战略的提出为乡村振兴战略的践行提供新的路径，二者互促互进、相辅相成，文旅融合一方面可以带动乡村农业转型、乡村文创手工业、乡村旅游服务业发展，促进乡村就业，提升农民收入；另一方面也有助于乡村文化保护、乡村非遗传承、乡村文创空间建设等工作的开展。乡村振兴的建设规划经历了从扶贫到扶智，乡村战略也由脱贫攻坚递进到乡村振兴。

（二）乡村文化旅游拥有"造血"与"输血"的内外力量

乡村建设动力问题的解决需要从内外两个角度综合考虑。乡村振兴战略与乡村文化旅游产业实践在外部政策背景推动和内部产业能力拉动两个方面为乡村振兴建设提供助力。乡村振兴战略的扶持为乡村振兴实践带来外在的政策红利和资本引入，乡村文化旅游的产业实践为乡村文化振兴提供内在的产业依据。不同于外来"输血式"的乡村建设方式，乡村产业的建设和产业化发展与乡村建设的持续动力相关，是将技术与资源下沉到乡村、将市场意识与产业方式引入到乡村、将生产技艺与生产能力传授给农民的"造血"式发展模式。政策驱动下的资源下沉与文化旅游带动下农民生产能力提升的结合，使得乡村文旅产业在乡村振兴实践中将能利用的资源充分地利用起来，将能调动的村民生产能力积极地发挥出来，将农民的农忙时间与农闲时间恰当地结合起来，将农民个体与组织集体重新地连接起来。[①]

乡村文化旅游产业实践为乡村地区提供了发展的产业载体，产业是乡村地区发展的必然依据和可持续性动力，乡村文旅产业的发展为村民提供了新的生产和生活方式选择，为乡村的基础设施和公共服务建设提供了更新与提升的外来驱动力，在渐进的发展过程中内发地塑造农民的现代生活意识与能力，紧紧把握乡村振兴的时代契机和追寻"乡愁"的社会需求，可以实现内外部发展力量的充分发挥。继而，乡村文化旅游产业融合在为乡村振兴带来产业高质量发展转型的同时在文化层面上发挥波及和改善作用，将集中表现

---

① 徐浩.文化旅游助推乡村文化振兴[EB/OL].中国社会科学网，2020—10—19.

于城市的现代化生产生活方式带到农村里来，带动乡村经济的发展，推动现代化的乡村文化建设，弥补乡村文化与城市文化的隔阂，改善农民闲暇时间的无意义感，引导乡村新时代价值观念体系的重塑。

（三）乡村文化旅游促进乡村现代化与美好生活的统筹实现

乡村振兴不仅关注乡村文化的振兴，还注重乡村文化全面复兴所产生的价值与目标。乡村文化旅游的产业实践将创造价值的文化与分享价值的旅游结合起来，在促进乡村文化建设与乡村文化振兴的过程中，同样作用于乡村的全方位振兴。

乡村振兴战略是在农业现代化滞后、城乡发展不平衡不充分的背景下提出来的。它是全面建成小康社会、全面建设社会主义现代化国家的历史任务。作为关系国计民生的根本性"三农"问题，没有它的现代化目标实现，缺少农村作为中国现代化稳定器功能的发挥，中国的整体现代化目标就存在着短板和基础缺陷。因此，乡村文化旅游与乡村文化振兴的共同目标即是促进乡村现代化的实现。这个目标与农民生产生活的现代化相关，是通过文化旅游促进农民、农村、农业现代性转型的新模式；与城乡不平衡不充分的发展矛盾相关，城乡居民具有同等追求美好生活的需要和权利，在文化旅游的融合实践中，农民的美好生活追求被重新激发并付诸实践。

乡村振兴不是局限在乡村的振兴，是统筹城乡发展、揽括城乡居民的综合性振兴。乡村现代化目标的实现对中国现代化目标的完成具有内在的推动性，这种实现与完成提供了一种能力，"才可能有能力让所有人都可以与大自然有更多的亲密接触，甚至让相当多的人同时实现城市梦和乡村梦"（贺雪峰，2017）。这意味着对于乡村生产生活秩序的现代性创新重建，关乎城乡居民的"乡愁"与"城愁"的双重实现。[1]

---

① 徐浩.文化旅游助推乡村文化振兴[EB/OL].中国社会科学网，2020-10-19.

二、"两大战略"有效衔接的政策框架与路径

（一）两大战略衔接的政策框架

文旅融合与乡村振兴的有效衔接主要在于基层政策的衔接，具体表现为微观政策的链接、调整、融合。文旅融合战略和乡村振兴战略的链接点就是发展乡村旅游（图2-1），通过发展乡村旅游保护生态环境、调整治理结构、吸引优秀人才。近年来，文化旅游部联合多部委出台一系列旅游扶贫政策，乡村文化保护政策、乡村金融政策、公共文化服务政策，那么基层乡镇（村）也应该在国家基本政策的框架下，从发展性、公共性、建设性出发，在基础设施建设、乡村规划开发、产业结构调整、治理水平升级、人才吸纳培育等方面制定相应的具体政策以配合国家战略。

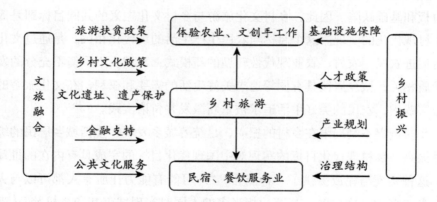

图2-1　文旅融合与乡村振兴链接框架图[①]

---

① 何璇.文旅融合与乡村振兴衔接问题研究[J].中国行政管理，2021，（5）.

（二）两大战略链接的政策路径

两大战略的政策链接主要可以从投入保障政策、基础设施政策、产业规划政策、人才培养政策等方面进行。

1. 投入保障政策的有效衔接

我国向来重视农业农村的发展，中央国务院及各部委出台了一系列金融支持和财政保障政策推动乡村发展。2017年党中央、国务院出台《关于深入推进农业领域政府和社会资本合作的实施意见》，引导和鼓励社会资本参与农业公共产品和服务供给，加快农业产业结构调整，改善农业公共服务供给，切实推动农业供给侧结构性改革，加大政策支持保障，开展国家农业PPP示范区建设工作，推动全国PPP模式发展。2018年文旅部联合其他部委出台《关于促进乡村旅游可持续发展的指导意见》，提出加大对乡村旅游项目的资金支持力度。可见，两大战略都考虑到乡村发展的资金投入问题，基层政府则可在国家政策的指引下，在农村财政政策和补贴政策中设立乡村文化及旅游相关产业发展专项基金，在文旅部门的财政扶持政策中，也应设立乡村文化与旅游发展投入政策。

2. 基础设施政策的有效衔接

提升农村基础设施建设是近年来国家推进城乡均等化的重要工作之一，因而各地政府均加大对乡村基础设施建设的投入。2019年自然资源部出台《关于加强村庄规划促进乡村振兴的通知》，乡村规划是乡村振兴战略中十分重要的一环，在建设过程中，要统筹历史文化传承与保护，优化调整农业用地布局，加大政策支持力度，做好新时代的村庄规划编制和实施管理工作。加强农村基础建设是实现文旅融合和乡村振兴的基础，基层政府应将基础设施建设作为产业政策的基础。

3. 产业规划政策的有效衔接

乡村产业规划是乡村产业振兴的必由之路，在《乡村振兴战略规划（2018—2022年）》中，提出推进城乡统一规划，通盘考虑城镇和乡村发展，对于乡村发展规划需要对农业用地、城乡建设用地、交通水利用地、其他建设用地进行划分，应预留与乡村旅游相关产业的用地。2018年9月国家发改委办公厅发布《关于建立特色小镇和特色小城镇高质量发展机制的通知》，提出打造乡镇主产业与旅游融合的文旅小镇思路。基层政府在当地产业发展和区域规划方面应将文化旅游及相关产业纳入总体发展框架。2020年吉林省永吉县就对《永吉县北大壶镇土地规划方案 2006—2020》进行调整，特别划分风景名胜及特殊用地163.99公顷。

4. 人才培养政策的有效衔接

2018年，中共中央、国务院印发的《乡村振兴战略规划（2018—2022年）》明确提到"实行更加积极、更加开放、更加有效的人才政策，推动乡村人才振兴。"通过"新乡贤"政策为乡村打通"人才下乡"的立体化通道，使新乡贤"回得来""留得住""干得好"。

2018年7月文旅部办公厅和国务院扶贫办综合司联合发布《关于支持设立非遗扶贫就业工坊的通知》，支持传统工艺项目优秀传承人、工艺师到贫困地区开班授课，建立非遗工坊，为乡村培养文化传承和创新人才。可见，国家对乡村人才政策的支持，基层应该出台相应的人才配套政策，如出台对迁入人口的公共服务覆盖政策，对驻村人员的福利政策，对失业人员进行就业指导的政策。

（三）政策衔接中应注意的问题

我国乡村的宏观政策制定相对完备，但政策配套与落实还存在问题。国外注重村民在乡村政策制定中的主体地位。因而，两大战略链接应考虑以下问题。

1. 文旅融合与乡村振兴有效衔接要考虑农村内生文化资源

乡村振兴实施之前在乡村文化政策的设计比较关注乡村公共文化政策，而对于乡村内生文化资源关注较少。乡村内生文化资源是指乡村风俗习惯、约定俗成、伦理价值及其表现形式，如民俗活动、传统歌舞、传统技艺等。

后工业化时代乡村居民的文化消费需求大幅增长，在文旅融合与乡村振兴的链接中，应出台鼓励保护和传承乡村民俗、民间技艺的相关政策，并将乡村民俗文化融入乡村文化服务业之中。此外，传统村落作为旅游载体，承载着一个民族的历史痕迹，凝聚着一个地域的集体记忆，通过民俗民技可以唤醒"乡愁"这一情感记忆，重溯乡村的文化内涵，重构乡村文化符号，重建乡村文化空间。

2. 文旅融合与乡村振兴有效衔接要考虑当地自然

生态资源政府在规划产业发展时需要将生态宜居、持续发展作为关键因素，需要考虑乡村资源、乡村环境。早在1989年，英国大卫·皮尔等就提出"绿色经济"的理念，认为经济发展应充分考虑自然环境的承受能力。2007年，联合国环境规划署将"绿色经济"定义为"重视人与自然、能创造体面高薪工作的经济"。

文旅融合与乡村振兴衔接的主要领域是乡村旅游，而乡村旅游要与本地产业资源及生态环境相互兼容、相互促进、相辅相成，乡村旅游建设应坚持"绿色经济"的理念，以环境保护为前提，科学规划合理开发，将发展生态旅游和保护自然生态环境有机地结合起来。例如，四川犍为县乐山金石井镇一直以种植柑橘为主要产业，近年来当地政府按照《乐山市人民政府产业融合发展推进全域旅游的意见》提出的争取到2020年创建20个乡村旅游精品村寨的目标，帮助农民脱贫致富。

3. 文旅融合与乡村振兴有效衔接应注意产业发展与民生改善

文旅融合与乡村振兴的政策衔接应将乡村振兴的方方面面纳入考虑范畴，在乡村公共服务基础设施建设时就要将旅游基础设施纳入其中，在制定产业规划政策时要将生态保护和人居环境考虑。此外，在政策衔接中应考虑经济发展、乡村就业、民生改善等政策的统筹规划。例如，在日本白川乡，将世界文化遗产"合掌造"与旅游融合，不仅给当地带来了巨大的经济效益，还与乡村文化遗产保护、乡村农业手工业复兴、乡村人才培养密切结合，有效提升了旅游对当地经济效益与社会效益，缓解了乡村"空心化"带来的压力。

4. 文旅融合与乡村振兴有效衔接应考虑政策的制定和执行中引入公民参与

文旅融合与乡村振兴战略有效衔接，不仅需要政府调整相关基层政策，还需要引入公民参与政策的制定与执行。在基层乡村政策的制定和执行中更需发动村民和社区组织加入，首先应充分发挥乡村"两委"的组织功能。村"两委"是实施乡村振兴的关键，村委通过制定村规民约、村民座谈、村民讨论等形式，使村民共同参与制定乡村生态保护、文化传承和乡村旅游发展的相关政策，构建"政府引导＋村委组织＋村民参与"的乡村模式。鼓励和授权社区组织和村民参与乡村政策的制定与执行，一方面可以使村民更多地关注乡村持续发展的有关问题，进而能有效地制定更符合村民需求的政策，并在政策执行中能立足本土解决问题。另一方面，可以整合各类资源，吸纳更多村民参与乡村建设，有效推动乡村旅游发展。例如，日本美瑛町于2003年所实施的《美瑛保护和提高美丽景观法令》中指出，开发规模超过一定标准时，需事先向当地居民披露，举行情况介绍会等。

综上所述，文旅融合与乡村振兴可以通过乡村旅游及相关产业有效衔接，因而在乡村未来的发展中，应因地制宜地整合资源实现乡村振兴与文旅融合的有效链接。

第三章　文旅融合背景下乡村旅游转型升级

　　乡村旅游作为乡村振兴和新农村建设的重要部分，受到国家政策的大力支持[①]，乡村旅游也已成为改变和塑造乡村景观和社区风貌的主要因素[②]。与此同时，传统的"农家乐"、家庭农场等经营模式已经不太适合休闲度假游客对品质旅游的需求，乡村旅游转型升级成为不容忽视的现实问题[③]。在新的发展阶段，树立"以文促旅、以旅彰文"的理念，强调"宜融则融，能融尽融"，让文旅融合由自发转为自觉，由被动转为主动，由未知转为深知，实现"以文化景、以文化人"的目的。本章结合案例探讨文旅融合背景下乡村旅游转型升级的实现路径。

---

① 张栋.乡村旅游何以能上升为国家战略？[J].智慧中国，2017，（5）.

② 胡宪详，保继刚.乡村旅游景观特质网络演进的蒋巷村案例[J].地理研究，2016，（8）.

③ 高璐，周全.乡村旅游转型升级路径的实现[J].安徽农业大学学报（社会科学版），2018，（1）.

第一节　乡村旅游发展的历史沿革

起源于1830年欧洲的乡村旅游，在1880年开始大规模发展，至今已有近200年的历史，其发展经历了萌芽阶段、规模扩张和成熟发展等阶段。如图3-1所示，世界范围内的乡村旅游发展历程，主要经历了四个阶段。

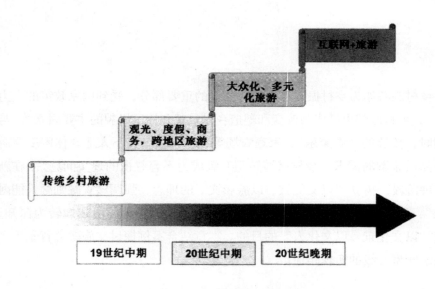

图3-1　乡村旅游的发展过程

第一阶段是出现在19世纪中期以前的传统乡村旅游模式，主要出现在欧洲工业化较早的英国、法国等发达国家。

第二阶段最早出现在19世纪中期至20世纪中期。在工业化发达国家和一些经济发展好的国家和地区，开始以乡村旅游为目的新建度假农庄，将城市和风景区的观光、度假、商务等度假元素加入度假农庄。随着旅游群体不断扩大，越来越多的人参与到乡村旅游的行列中，旅游地点也从城市近郊地区拓展到跨地区旅游。

第三阶段出现在20世纪中期至晚期。伴随汽车进入家庭生活以及民用客机的普遍应用，外出路途时间缩短，旅游目的地的距离扩大，旅游变得更加便捷，体验乡村旅游的人越来越多。农村的景观、建筑和文化等旅游资源被进一步挖掘，乡村旅游也随着旅游元素的进一步丰富被推上观光与休闲度假融合的模式，乡村旅游项目越来越多元化，乡村旅游市场进入大众化阶段。

第四阶段出现在20世纪晚期。随着互联网的发展，信息技术被广泛应用到旅游行业，旅游市场日趋成熟，游客的信息渠道变宽、信息量变大、消费意识变强，乡村旅游开始进入"互联网＋"时期，也逐渐以新的产业模式呈现。

我国乡村旅游的第一阶段虽然雏形很早就存在，但由于工业化起步较晚，社会经济落后，从农村进城的人数也相对较少，城乡交通非常不便，乡村几乎完全没有旅游服务，设施与条件也相对落后，乡村旅游的目的只局限在回老家探亲。直到1978年改革开放后伴随大量的下乡知青返城工作、农民工进城和农村学生升学入城才真正形成规模。因此，虽然我国的传统乡村旅游雏形早已存在，但直到1980年，几乎没有得到重视和发展。进入20世纪80年代，我国出现了一种享受型度假模式的现代乡村旅游，并在1990年发展迅速起来。这种旅游类型不仅发生在假期，旅游地点也不再局限于回乡，游客的活动内容也丰富多彩。这种明显区别于城市公园游和传统景区游的独有特色，迅速吸引了大量的城乡游客，给率先开展乡村游的农村游览地带来了很好的消费收入。

学术界对中国乡村旅游的起步往往定位在1980年，这是从产业发展含义层面观察和分析的结果。而欧洲花费了100年发展经历的乡村旅游第二阶段，在我国几乎是伴随第一阶段从1980年同步发展，并在1990年代快速完成了转变。进入21世纪，伴随中国家用汽车和互联网的迅速普及，我国又一次不露痕迹地将乡村旅游的第三和第四阶段实现了合并发展。

第二节　乡村旅游转型升级的行动者网络

一、行动者网络理论

行动者网络理论主要是由法国的米歇尔·卡龙（Michel Callon）、布鲁诺·拉图尔（Bruno Latour）和英国的约翰·劳（John Law）为代表的社会学家提出的。该理论认为应该平等地看待我们世界组成中的人类要素和非人类要素，强调包括人类与非人类行动者在内的每一个行动者都受到应得的重视，打破了以人类为中心的传统思维，避免所谓人与非人、自然与社会之间的二元对立的划分。行动者网络理论关注于由所有行动者共同组成的异质性网络。该理论也认为，科技是由人类行动者和非人类行动者所连结构成的网络所创造，人类和非人类行动者在科技产生的过程中都发挥同等重要的作用，都有不同的利益诉求与行动方式，在谋求共同利益的过程中逐渐联合在一起。如果建立的行动者网络越成功，则越能在社会中长久存在与维持。

行动者网络理论有三个核心概念，即行动者、转译和异质性网络。行动者包括人类行动者和非人类行动者，人类行动者是有主观目的和意图的人类主体，非人类行动者则包含观念、技术、资本等非人类因素。根据行动者网络理论的一般对等原则，人类和非人类行动者都具有同样的行动能力。转译是指网络中的行动者通过不断努力将各自的问题和兴趣进行相互转换，并通过商议对各个行动者角色进行界定的过程。当网络中所有行动者的角色界定后，行动者网络就顺利完成连接。转译是行动者网络理论的关键，行动者只有通过转译联合在一起后，才能构建起行动者网络，才能建立起网络中的各个行动者之间稳定的关系。因此，行动者网络理论又称为"转译社会学"。由于行动者网络是由人类和非人类等异质性要素彼此联系形成的，并且网络中的每一个行动者都具有不同的行为方式与各自的利益。因此，行动者网络是异质性网络。网络中所有行动者之间的转译就是在不断地让异质性网络运转（图3-2）。转译过程是行动者网络分析的核心在转译过程中，首先由核心行动者发现其与其他行动者的共同利益所在，并提出该利益的实现途径，这一步叫作呈现问题；其次，所有利益相关者将实现该利益的途径问题化，建立一个能够使该利益获得实现的网络联盟，而由核心行动者提出的有关该利益的实现途径就成了网络中所有利益相关者的强制通过点（OPP）；最后进行的是对行动者的利益的赋予，并通过其他行动者界定某一行动者在网络中的角色，从而使各个行动者被网络联盟征召，成为网络联盟中的行动者。而有一些利益相关者由于某些条件的限制没有办法通过强制通过点（OPP），所以在征召的过程中就形成了异议，最终没能被征召成为联盟的一员。经过征召、动员，网络中的核心行动者成了这个利益联盟的代表，代表整个利益联盟向网络中的其他行动者行使权利。

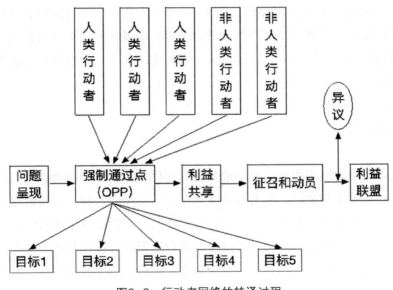

图3-2 行动者网络的转译过程

（一）问题呈现

问题呈现是转译过程中的第一个阶段，在这一过程中核心行动者首先要发掘其他行动者所关注的利益，清楚了解他们面临的障碍或需要解决的问题，然后再找出实现他们利益的共同渠道即强制通行点，从而将他们吸引过来结成网络联盟。

（二）利益赋予

这一阶段是寻找通过强制通行点途径的过程，是核心行动者稳定其他行动者的重要手段。网络中的核心行动者通过动用自身资源向其他行动者重新安排角色，平衡各个行动者的利益，使各个行动者之间达到相互协调的状态，从而实现网络的稳定。

（三）征召

这是构建行动者网络的第三个阶段，是所有行动者通过强制通行点的主要途径，具体是指核心行动者将涉及的人类行动者和非人类行动者纳入网络中，对他们进行层层征召，使他们成为网络中的成员，并对他们下达可以接受的任务。

（四）动员

这是行动者网络构建过程中最关键的过程。经过核心行动者对其他行动者进行利益赋予和征召，所有行动者都进入了网络中，相互之间也建立了一定的关系，但这种关系还不够牢固，需要核心行动者通过运用科学方法和调动相关资源，使其他行动者为通过强制通行点而积极行动起来，从而形成稳定坚固的行动者网络。因此，只有达到这个阶段，一个成功的行动者网络才算完成。

（五）异议

构建起来的行动者网络在运行过程中由于各个行动者之间存在认知与需求的差异，因此可能产生异议或阻碍，从而影响网络的发展和稳定，如果解决了异议，那么行动者网络也会重新稳定。

二、行动者网络对乡村旅游转型升级的意义

（一）行动者网络理论有效地解释乡村旅游转型升级的目标过程

行动者网络转译过程不再将乡村旅游转型升级局限于旅游六要素方面，而是广泛地与生态空间、生产空间、生活空间、社会空间、文化空间等空间中的行动者建立共生耦合模式，建立了基于社区创新的多元化价值链，避免了单纯"以游客为中心"的发展倾向。转译过程立足于乡村空间的产业功能、社会功能、生活功能、社会功能及文化功能整合，将创意绿道、产业体验空间、创意农业等方式纳入生活空间、生产空间、生态空间、社会空间中，以内生动力方式推动不同空间类型的联结，打造乡村特色空间品牌。

（二）行动者网络空间维度的不均衡是乡村旅游转型升级的特色基础

由不同行动者构建的产业空间—生活空间—社会空间—文化空间的复合型产业空间综合体，以空间共享的发展形式促进多重目标实现。充分发挥产业融合、田园生活、社区参与、田园村庄等优势行动者的作用，形成差异化定位、错位竞争、互补发展的空间格局；在空间生产和产业过程中嵌入创意文化体验元素，提升乡村空间的文化体验转化效率。

（三）行动者在网络中的地位是创新知识转移过程差异化的结果

由于行动者知识学习能力与权力转化的区域性效率不同，其历史性、社会性和空间性等也有所不同，将具有体验共享型的异质性行动者并入网络过程，通过创新学习来适应其在网络中的地位角色，发挥行动者网络中复合空间的新型功能，促进文化遗产尤其是"非遗"对乡村空间转向的作用，提升

乡村旅游的个性化发展质量。因地制宜地将制造业、旅游休闲、教育培训、健康养生等新型产业引入乡村旅游发展的产业链条中，优化其供给侧的产业结构及产品类型，提升乡村社区空间的营造能力。

第三节　乡村旅游转型升级行动者网络实证分析

　　江苏省宜兴市湖㳇镇龙山村乡村旅游起步较早，是宜兴市第一家全国乡村旅游示范点，并已获批建设特色田园小镇，一、二、三产融合发展势头强劲。研究引入行动者网络分析体系，剖析宜兴市湖㳇镇龙山村乡村旅游转型升级过程，分析推动乡村旅游转型升级发展的核心行动者，并了解各个行动者在发展过程中如何进行转译与重构，在深化乡村旅游发展研究的同时为类似的乡村旅游地的发展提供借鉴。

一、案例地概述

　　龙山村隶属于江苏省宜兴市湖㳇镇，地处江浙沪三省交界，天目山余脉脚下，是著名的阳羡茶的发源地之一。该村风景优美，周边有善卷洞、张公洞等知名景区，区位条件和资源基础条件较好。自2005年第一家篱笆园农家乐建立开始，龙山村乡村旅游大致经历了4个发展阶段，也被称之为1.0、2.0、3.0、4.0阶段，从最初几家农家乐，到全国乡村旅游示范点，通过成立合作社、行业协会，逐步发展为特色小镇核心区，是乡村旅游转型升级研究较典型的案例地。

　　2006年，㳇西村下辖的龙山村、庙干村和油车村一带的阳羡茶发源地，被划归为阳羡生态旅游区。当地政府随即着手开始建设乡村旅游示范点，当地300多家工业型污染性企业要求停业牵出，其中部分企业逐步向环境友好型的旅游业企业转型。恰逢国家大力推进新农村建设，当地政府借此机会着手建立三星级乡村旅游示范点，对龙山村一带加大投入，对道路交通、污水处理、生态环境等基础配套进行改造，在传统农家乐的基础上成立了第一家概念民宿——篱笆驿站，此为乡村旅游的1.0时代，以观光＋餐饮为主，主要进行了产业的转型以及配套基础设施的建设。

随后的几年里，全国范围内掀起了乡村旅游建设的热潮，而湖溇镇镇政府也紧跟浪潮，将汤省公路打造为"最美鲜花路"，进行了由纯观光旅游到不仅可以观光而且能为游客提供落脚点的观光休闲度假旅游的转变。龙山村以及庙干村的少数社区居民在当时篱笆驿站的老板娘黄亚云的带领下，成立了农家乐协会——篱笆园农家乐，形成了以"篱笆驿站X号"命名的民宿，由篱笆园统一分配客源进行民宿经营，由此龙山村乡村旅游发展进入2.0阶段。开发了以"吃农家饭、住农家居、游农家景、享农家乐"为主题的农家休闲旅游，为游客提供生态观光、休闲垂钓、采茶制茶、瓜果采摘等服务，年接待游客达10多万人次，入会农户年均收入超过30万元。

2013年，民宿产业如同雨后春笋般蓬勃发展，龙山村民宿聚集地已建成开业民宿43家。当地政府充分整合区域内的优异旅游资源塑造了国内唯一的"深氧界"乡村旅游品牌，倡导3H生活（回归健康Health、回归心灵Heart、回归家园Home）的旅游新概念，并成立了民宿行业协会，对龙山民宿村的经营和发展进行统一管理。篱笆园等龙头企业组织对德清、浙江一带进行考察，发现民宿需要发展出自己的特色这个关键增长点。之后，民宿经营者在原有基础上对民宿进行改造，形成了不同风格特征的多样化民宿村，篱笆园驿站升级为深氧墅·篱笆园酒店，此为龙山村的乡村旅游发展3.0时代。

2017年中央一号文件提出建设田园综合体后，龙山村新兴的民宿呈现出迅猛增长的趋势，截至2018年3月龙山村先后通过审批获得经营许可的民宿已有百余家，形成了由民宿发展带动第一产业发展的发展模式，创建有自己的农产品品牌"大地春"并拥有独立的生产加工基地。龙山村及周边油车水库一带获批投资80亿，建设"田园小镇"的田园综合体，龙山村的乡村旅游发展进入了4.0时代。

二、龙山村乡村旅游发展行动者网络分析

研究将乡村旅游转型升级过程视为行动者网络的形成与重构,通过实地调研与访谈获取数据资料,通过行动者网络特征剖析深化对乡村旅游转型升级过程和机制的理解。研究团队于2017年7月—8月对宜兴市湖㳇镇龙山村开展多次实地调查,对9名社区居民、6位游客、34家民宿、1名政府部门社区管理者、2名酒店经理的深度访谈,并将访谈录音资料整理为8万余字的文字资料,借助Nvivo软件,进行词频统计、提取高频词等识别各行动者的利益关切。在此基础上,结合实地调研、网络资料与文献资料对乡村旅游发展行动者网络构建与重构进行分析。

(一)乡村旅游行动者识别

自2005年第一家篱笆园农家乐建立开始,龙山村地区逐步发展成为篱笆驿站、民宿集聚区、特色田园小镇。其行动者包含民宿(农家乐)经营者、游客、社区居民、镇旅游管委会、村委会、农家乐合作社、民宿行业协会、自然环境、宅基地、农副特产、政策、知识教育、经营管理经验等(见表3-1)。

表3-1 龙山村乡村旅游行动者一览表

类型	类别	行动者
人类行动者	个体	民宿(农家乐)经营者、游客、社区居民
	组织团体	镇旅游管委会、村委会、农家乐合作社、民宿行业协会
非人类行动者	物质范畴	自然环境、宅基地、农副特产
	意识范畴	政策、知识教育、经营管理经验

（二）转译

1.问题呈现

将访谈调查数据以Word形式进行导入，人工剔除如"我们""这里""是"等一些与主题无关的词语，用Nvivo软件对样本进行词频统计，建立相对应的词频云图（图3-3）。

图3-3　高频词云图

如词频云图3-3所示，龙山村一带作为乡村旅游发展中，较为突出的几个关键行动者分别是镇旅游管委会、深氧界·篱笆园酒店（合作社、行业协会的推动者和带头人）。突出显示的关键词如"经营""发展""政府""投资""旅游""房子""管理""合作""茶叶""小镇"等。这就说明了乡村旅游发展中离不开政府政策的扶持以及作为地方增长极企业的带动和适当外来资本的注入，其发展的关键在于在政府和政策强有力的支持下，经营好当地特色产业，适当引入外来投资，加强各行动者之间的合作管理。经过统计筛选出高频词，并根据行动者网络中的核心行动者和主要行动者对高频词进行分类汇总（见表3-2）。在建立网络关系图时根据行动者对应点作用于其他行动者的"出去度数"对点的大小和筛选条件进行调整，形成了以下网络关系图（图3-4）

表3-2　高频词分类统计

类别	行动者	特征词
核心行动者	镇旅游管委会	发展（224）、投资（133）、政府（104）、社区（66）、统一（38）、改善（27）、配套（27）、修缮（23）、专业化（22）、居民（22）、政策（21）、支持（19）、开发（12）
	深氧界·篱笆园酒店	经营（328）、管理（89）、合作（78）、客人（76）、客源（66）、装修（66）、篱笆（59）、员工（56）、品牌（47）、酒店（40）、客房（36）、企业（35）、销售（30）、产业（29）、入住（29）、餐桌（29）、营业（28）、成本（25）、经营者（25）、客户（23）、接待（18）、服务（17）、收入（16）、亲戚（14）、老板（12）
主要行动者	自然资源	龙山（53）、周边（48）、宜兴（46）、环境（45）、维护（24）、无锡（21）、红茶（20）、特色（16）、杨梅（15）、茶叶（14）
	游客	旅游（104）、游客（32）、周末（30）、朋友（29）、上海（18）、常州（17）、体验（16）、亲戚（14）、年轻人（14）、客流量（12）、市场（12）
	宅基地	房子（99）、农家（71）、村里（44）、房屋（26）、筹建（25）、新建（24）、扩建（13）
	田园小镇	投资（133）、合作（78）、客人（76）、客源（66）、模式（53）、品牌（47）、小镇（45）、产品（35）、冲击（29）、宣传（29）、经营者（25）、接待（18）、投入（13）、开发（12）

图3-4　高频词网络关系图

2.龙山村乡村旅游发展行动者及强制通过点（OPP）

湖溇镇旅游管委会和深氧界·篱笆园酒店（此前的篱笆驿站）在以上行动者网络中成了网络中的核心行动者，二者在乡村旅游目的地的建设过程中作为牵头人首先确立了发展乡村旅游的共同利益目标，然后提出了网络中不同行动者可以认可的强制通过点（OPP）方案，即通过大力推进民宿村的建设，使游客可以留下来，在游客满足自身饱览自然风光、放松身心的需求的条件下获取经济收益，从而促进湖溇镇乡村旅游目的地建设的进一步扩大化发展建立民宿村。随后对不同行动者进行协调，协助其通过强制通过点，并且有能力对网络中的行动者进行征召后赋予其利益。比如，通过篱笆驿站的形式，由篱笆园向最初篱笆驿站的其他家民宿分配客源，帮助其通过强制通过点（OPP）以获得经济收益。在这一时期在网络中的核心行动者中占据主导地位的是湖溇镇旅游管委会，篱笆园以及篱笆驿站最初都是在镇旅游管委会的扶持下一步一步发展起来的。以上行动者之间的转译过程如图3-5所示。

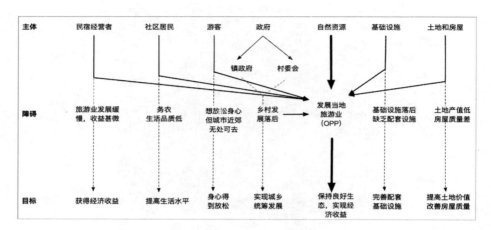

图3-5 龙山村乡村旅游发展行动者及强制通过点（OPP）

社区居民在湖洑镇进行乡村旅游发展的初期虽然不是核心行动者，但是其受到了核心行动者的征召，也是核心行动者征召的主体，较少的一部分社区居民在环境条件允许的情况下征召之后成了民宿的经营者，在通过强制通过点（OPP）后获取利益，作用于该行动者网络；而另一部分由于认知、教育水平、管理经验和经济条件的限制仍然保持其作为网络承担者的行动者身份。

（三）征召、动员与行动者网络联盟构建

随着经济水平的提高，基础配套设施的完善和乡村旅游目的地的进一步发展，行动者开始不仅仅局限于龙山村一带，包括老年服务中心、银行、外来投资、旅行社、旅游景区、茶厂、民宿协会等一系列新的行动者开始在网络中发挥作用。新行动者网络中的核心行动者依然是湖洑镇旅游管委会和深氧界·篱笆园酒店，但他们之间的主导地位发生了转换，由起初的在镇旅游管委会领导下提出扶持政策建设民宿村，逐渐转变成为在深氧界·篱笆园的带领下成立行业协会，带动民宿村自主经营发展建立乡村旅游目的地。与此

同时，网络中还增加了自然资源、政策、游客、田园小镇等发挥作用的主要行动者。根据上述转变，宜兴市湖㳇镇龙山村作为乡村旅游目的地建设和发展的新行动者网络绘制如图3-6所示。

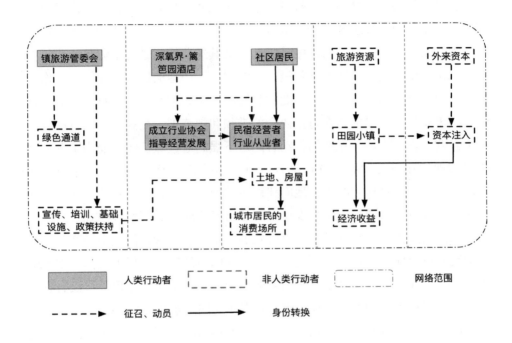

图3-6　龙山村乡村旅游行动者网络联盟

在该网络中随着乡村旅游的发展，湖㳇镇龙山村一带越来越多的民宿开始涌现，也出现了很多外来资本的投入，一方面一些受到经济条件限制的社区居民向银行贷款进行民宿的经营；另一方面，许多在当地没有宅基地的生意人也想通过经营民宿获取收益，于是就向当地社区居民租房经营民宿。随着生活水平的提高来湖㳇镇旅游的游客也出现了新的需求，越来越多的游客期待在旅游中不仅可以通过优美的自然环境获得身心放松的感受，还希望旅游目的地可以提供更加多样化的休闲、娱乐、科教、体验活动，形成更加丰富的旅游业态。正是由于新网络中的这种变化，转译过程中的强制通过点（OPP）也由原来的"取得经济收益"变成了"建设和发展乡村旅游目的地"的新的强制通过点（OPP），为了解决发展过程中可能遇到的问题和阻碍，并协调各行动者之间的关系，行动者网络转译过程中的利益赋予仍在继续进行。

深氧界·篱笆园酒店在行动者网络联盟下作为起主导作用的核心行动者，已经无法满足于之前的通过篱笆园向篱笆驿站的其他家民宿分配客源的模式，于是2014年篱笆驿站纷纷解散自立门户，而篱笆园也成功转型为深氧界·篱笆园酒店，注册了自己的品牌，并对其经营模式进行了调整，成了整个湖㳇镇龙山民宿村地区的增长极，组织建立了当地的民宿行业协会，作为龙头企业带领龙山村继续发展。此时政府的统一管理和对其他行动者的征召已经趋于弱化，更多的是在行业协会的带领和规范下，受到征召的行动者们自主经营、自主发展。在新的行动者网络下强制通过点已经转变为了乡村旅游目的地的建设与发展，各行动者已经不单纯满足于最早的经济利益的获取，而是要通过乡村旅游目的地的建设带动产业发展，通过相关产业的发展进一步促进乡村旅游目的地的发展，形成良好稳固的循环发展模式。

社区居民依旧不是推进乡村旅游发展的核心行动者，但其中一部分在网络中受到征召成为民宿经营者的社区居民在网络的转译过程中发挥了重要作用。有一部分社区居民由于某些因素的限制而产生了异议导致最终没有办法通过强制通过点（OPP）只能保持其原本作为网络承担者的行动者身份。但乡村旅游的进一步发展，增强了社区居民的参与度，原本当地的社区居民大多数从事农事活动，而随着乡村旅游的发展，促进了配套基础设施、服务设施和福利体系的完善，越来越多的社区居民在从事农事之余还从事了旅游服务行业的工作、从事当地特色手工业工作、参加了老年大学的学习活动等。综上，在新的行动者网络下，社区居民的参与度有了明显的提高，并且社区居民在参与网络转译的过程中不仅自身获得了收益，也推动了乡村旅游目的地的建设和发展。

三、龙山村旅游转型升级行动者网络演化的启示

龙山村乡村旅游发展的过程涉及多个人类和非人类行动者在内的行动

者。核心行动者通过政府和政策的大力支持，对其他行动者进行征召，并通过宣传、培训、成立行业协会、加强基础设施建设等手段协助被征召的行动者通过强制通过点（OPP），由此来推动乡村旅游目的地的建设和发展。随着外来资本的引入，原网络中的行动者得到了进一步扩充，包括老年服务中心、银行、外来投资、旅行社、旅游景区、茶厂、民宿协会等在内的一系列行动者开始在网络中发挥作用。

伴随着乡村旅游的转型升级，越来越多的社区居民和外来资本受到征召，乡村旅游目的地的建设发展和管理也走上轨道化，核心行动者的主导地位发生了转变，由建设初期的湖㳇镇旅游管委会逐步转变为由在深氧墅·篱笆园酒店牵头成立的行业协会的带领下进行行动者征召和自主经营，并向各行动者独立发挥优势循环推进乡村旅游目的地发展的方向前进。当地社区居民虽然没有成为网络中的核心行动者，却起到了积极的推进作用。一部分社区居民受到征召成为网络中的民宿经营者，在转译过程中发挥了重要作用；另一部分则由于某些限制而产生异议导致最终没有办法通过强制通过点（OPP），但越来越多的社区居民在保持网络承担者的身份之余还通过从事旅游服务工作、当地特色手工业、参加老年大学学习等活动，积极推动宜兴市湖㳇镇作为乡村旅游目的地的发展。

本书依据2017年对宜兴市湖㳇镇龙山村的调查访谈为基础，综合分析各行动者的利益关切及相关观点，尝试一窥乡村旅游转型升级发展过程，相关资料可供类似乡村旅游地发展借鉴，希望在未来的研究中能够深入探究乡村旅游行动者网络的演化机制、行动者的利益共生机制等问题。

第四节　文化创意与乡村旅游优化升级

乡村旅游与文化创意产业融合成为旅游业的一种创新发展形式，这种形式可以为旅游业注入新的生机与活力。

一、文化创意创造乡村旅游新的消费需求

恩格尔系数是衡量某地区的消费水平和经济社会发展程度的重要指标，2017年我国的居民恩格尔系数接近30%，消费结构进一步优化，从生存型消费跨入发展型消费以及享受型消费，消费的追求也渐从满足基本生活需求转向个性化、多样化、特色化。乡村旅游借助文化创意可以实现自身的跨越式发展，从供给品和服务的层面向供给体验的层面迈进，文化创意的介入能够提高乡村旅游整体的文化内涵，继续刷新游客的高品质旅游体验。

二、文化创意实现乡村旅游的供给侧结构性改革

在美丽乡村建设和乡村振兴战略的时代浪潮中，乡村旅游产业以其高效益吸引了各地政府的注目，城市化箭在弦上不得不发，农村人口外流成狂澜之势，传统的农业生产效益低下，农民增收如登蜀道，乡村旅游产业如启明之星，是改善乡村面貌、促进农民增收的重要途径。

尽管乡村旅游发展很快，部分旅游景点具备一定的区域知名度，但和江浙地区相比仍然存在很多问题，如产品结构单一、创新能力较弱、文化高度不够、服务品质不高等。在我国经济实现供给侧结构性改革的大背景下，文化创意是一种强有力的驱动文化旅游产业不断优化供给的助推力。文化创意高度融合了乡村文化、现代科技和创意理念，它整合了多种生产要素，融合了多元文化，扭转了传统乡村旅游业始终不变的六要素供给，更新了乡村旅游产业层次和服务，也促进了传统的乡村旅游的焕然一新，即从要素驱动转向创新驱动，助力供给侧结构性的改革。

三、文化创意促进三农问题的改善

习近平总书记于党十九大报告中，旗帜鲜明地提出了乡村振兴战略，以六个方面即产业兴旺、生态宜居、乡风文明、治理有效和生活富裕作为总抓手，乡村旅游作为实现乡村振兴的重要产业支撑，对于农村来说，随着文化创意提升下的乡村旅游产业规模越做越大，如影随形的基础设施、公共服务设施和其他硬件条件都将一兴而兴，乡村的生态环境也因产业发展的需求而得到改善。

对于农业来说，传统农业本身的利润很低，而且受天气和自然灾害等不可控因素影响较大，乡村旅游产业的兴起和发展有利于优化乡村的产业结构，而文化创意的介入能够在更大程度上提高乡村旅游业的产业附加值和可持续的竞争力，形成长久化的创收能力。

对于农民来说，文化创意的介入使得原本的乡村旅游产业需要更多的创业者，改变过去农民不得不到外地谋生的情况，农民回乡就业有利于营造良好的乡村创业氛围，扭转农村劳动力流失的尴尬局面，也有利于农村社会的和谐与稳定。

第四章　文旅融合背景下乡村旅游规划创新

　　乡村旅游是新时代旅游业和乡村经济发展新的增长点，也是有效解决"三农"问题、促进乡村转型升级和农民就业增收的重要支撑产业，促进乡村文化资源创造性转化、创新发展路径和载体是乡村振兴的重要保障。发展乡村旅游契合和服务新时代国家发展战略，要有效发挥旅游业在促进乡村经济发展、生态文明、社会稳定、就业惠民等方面的作用，首先要有科学的乡村旅游规划。推进乡村文旅融合是一个系统工程，不能操之过急，必须循序渐进。在推进上要强化统筹，突出规划引领，把文旅融合发展与乡村振兴的实际结合起来，把人民群众需要与地方经济发展结合起来，寻求文旅资源与市场需求最佳结合点。

第一节　文旅融合背景下乡村旅游规划理念

　　规划是政府实现社会管理或经济管理的重要手段，是引导社会资源配置、有序发展的刚性工具。乡村旅游发展过程中出现的文化受损、旅游同质竞争、整体品质不高、产业培育不足、资金人才短缺、运营模式落后、土地利用错位、乡村社区主体旅游参与不足等问题和困境需要通过科学系统的规划加以引导和解决。充分挖掘乡村文化精神，传承与创新地方优秀传统文化，提升村民文化自觉意识，是留住"绿水青山"的同时"记得住乡愁"的根本。乡村旅游与乡村文化深度融合，促进乡村旅游的业态创新和乡村文化资源的创意再生，推动乡村产业兴旺和文化振兴进而带动乡村全面发展。

一、以人为本

　　发展是为了民生，乡村旅游规划首先要以人民群众的利益为主导，让乡民的生活感到舒适与便利，让外来游玩者感到轻松与开心。乡村是乡民的家园，是他们世代开发建设的成果。乡村旅游规划中如果忽略了乡民的存在，便会缺乏生机活力。同时，乡民还是乡村文化主体，乡民以智慧和辛劳创造了丰富多彩的乡村文化，如乡村聚落格局、饮食习惯、风俗习惯、民间节庆等，这些文化又在乡民的生产生活中发展和传承。乡民是乡村文化的"源"，是吸引旅游者的核心要素。此外，乡民本身就是一种旅游资源，无论是他们的价值观、生存观，还是他们的装扮、举止，甚至民间信仰、风俗民情，都是乡村旅游资源中"活"的部分。乡村旅游规划的核心在于促成良好的主客互动，打造以人为本、主客共享、天人合一的乡村美好生活空间。

二、以产业发展为核心

对于在乡村长久生活的农民而言，没有人愿意一直在乡村务农或是远离家乡在外务工，改变这一现象的关键因素是在发展乡村的同时坚持多产业融合共同发展。通过多产业融合带动乡村经济增长及特色乡村的建设，让农民在家乡就能解决就业问题以及更好地投身于特色产业中。乡村旅游不仅仅是纯粹的对农业资源的开发，融合发展是中国乡村旅游的一大趋势。国务院办公厅印发《关于推进农村一二三产业融合发展的指导意见》，要求大力推进农村一二三产业的融合发展，拓宽农民增收渠道，构建现代农业产业体系，加快农业发展方式转型，到2020年，要达到农村产业融合发展总体水平明显提升、农业竞争力明显提高，农民收入持续增加、农村活力显著增强的总体目标，基本形成产业链条完整、功能多样、业态丰富、利益联结紧密、产城融合更加协调的乡村经济新格局。以"旅游＋"为发展模式，让乡村与其他资源、产业相融合，也就是形成"旅游＋农业""旅游＋工业""旅游＋民俗"等模式，产生新的旅游产品，提高农民收入水平。

三、以乡村文化为灵魂

通过充分挖掘和利用当地乡土文化，让游客在休闲娱乐的同时感受乡村的传统历史文化、民俗文化以及农耕文化等。随着城乡一体化加速发展，乡村越来越丧失本有的特色文化，传承和保护传统乡村文化是平衡城市和乡村失衡关系的重中之重。让乡村在不断发展的同时也能找回本我，在文化的熏陶中实现发展的可持续性。

四、以基础设施为支撑

完善基础设施在乡村发展中起着相当重要的作用，基于后续市场对于乡村基础设施的需求不断变化，基础设施也需要不断完善和发展。偏僻的乡村如果缺少完善的基础设施，其在特色道路上走得再远也不会一直走下去，游客的体验感也会变差，从而不利于乡村形成健康良好的环境。

五、以体验为价值特色

开发乡村旅游是为了游客在旅游体验中找到新鲜感和淳朴的味道。关注游客的体验感能让乡村旅游开发中找到适合乡村自身也能满足游客不同需求的项目。通过让游客在不同有趣的项目中感受乡村的魅力，投入大自然的怀抱，在繁忙的生活中找到一丝净土。

第二节　文旅融合背景下乡村旅游规划原则

一、生态性原则

乡村旅游景观规划设计要将生态性作为第一原则，以保护为前提，以生态修复为目标营造乡村旅游景观。从景观生态学的角度对景观的种类、数量及分布情况进行合理的规划，将绿色环保的理念融入进来，景观的营造尽量对生态平衡系统影响降到最小，开发与保护并举，保证乡村的动植物资源、土壤资源、水资源等生态资源的健康发展，尊重乡村原始生态系统，规划设计从对乡村资源的利用到乡村垃圾、污水等废弃物的净化处理，将生态性原则贯穿到底，创造恬静自然的乡村自然居住环境。

二、互动体验性原则

依据当下游客的旅游心理变化，来到乡村中的游客更加注重于对乡村的认同感，期望可以通过乡村旅游活动，获得物质和精神上的双重收获。所以，在乡村旅游景观的营建过程中，营造具有互动体验感的景观，使游客亲身参与进来，是促进乡村旅游业发展的有效途径，如农作物的种植与采摘、渔业捕捞、水上娱乐活动、传统手工制作、农家菜的烹饪等，游客可以在动态体验的过程中感受乡村风情。

三、突出乡土性原则

乡土性的体现可展现在两个方面，一是自然风貌的体现，二是地域文化的延续。在进行乡村旅游景观规划设计之初，深入梳理乡村的自然和人文资源，挖掘出最能体现乡土性的元素，避免出现文化侵蚀和污染，坚持以突出乡村自身特色为目标，就地取材，保护原有乡村肌理，将原汁原味的乡村特色展示给游客，塑造朴实真实的乡村形象。

四、整体发展原则

乡村旅游景观规划设计不仅是从经济层面来促进乡村旅游业的发展，而是从乡村生态保护、经济发展、环境提升等多个方面综合考虑。在整体景观布局上，从点、线、面等多重维度进行协调处理，增加景观之间的优化协调，使各自区别又相互联系，从而促进景观建设与自然环境和谐共处，整体景观共同发展。

五、可持续发展原则

乡村旅游景观规划设计的可持续理念主要体现在生态、文化和经济三个方面，坚持在保护中建设、在建设中修复，提高对乡村资源的利用率，保证自然生态系统可持续发展。根植于地域文化和自然环境，同时融入多元化景观设计元素，促进乡村文化的传承与延续。提高乡村旅游吸引力，提升客流量，促进乡村经济良性发展。

第三节　文旅融合背景下乡村旅游规划体系框架

一、理论支撑

（一）景观生态学

景观生态学是研究景观空间结构与形态特征对人类与生物活动影响的科学，属于应用生态学体系。

景观生态学以研究生态景观的形成、演变过程为主，也重视人类对环境感知和传统文化对景观利用和改造的影响。景观生态学的生命力也在于它直接参与人类景观问题，如城市景观和农业景观。运用景观生态学中景观系统的整体性与异质性、尺度分析、景观演化的人类主导性和景观多重价值与文化关联等原理，发挥景观生态、经济、文化、美学的综合价值，寻求一个生态可持续的尺度来进行人类活动。景观规划和设计应该增加景观的视觉多样性，保护环境的生态稳定性，创建宜人景观。

依据乡村自然景观特征，结合地方文化景观、农耕文化和旅游资源的发展过程，将乡村旅游景观视为一个融自然环境、经济和社会相统一的复合景观系统。建立不同景观体系，以在景观保护与开发之间建立可持续的绿色空间体系建设。

（二）景观设计学

景观设计学是基于人的需求，利用土地来给人类创造一个安全、舒适和绿色的人居环境，是人类和环境和谐相处的表现，是一门自然科学、人文和艺术的应用学科。

美国景观设计之父奥姆斯特德认为，景观规划不仅需要提供健康的城市环境，而且必须提供受保护的乡村环境。农业资源在农村环境属性中具有生产和生态的双重特征，应广泛发掘和利用。

景观设计就是要紧密关注人与自然之间的关系，合理优化配置土地，实现土地利用的最大价值。在景观设计中要遵循两大原则。

一是设计应该理解人、尊重人和服务人，把人作为景观设计的主要服务对象，让人能从景观中获得体验感和舒适感。

二是设计应该了解自然、尊重自然和保护自然，了解自然系统的自身演变过程和受到人为因素干扰和破坏的自然，尊重自然法则，利用人与自然的关系，保护自然生态的可持续性。

乡村旅游景观进行规划设计应该高度了解人与自然的关系，合理安排利用有效土地，顺应乡村肌理，对乡村聚落进行有机更新和发展。从空间结构、生物多样性、功能和视觉美学等方面，设计出令人舒适愉悦并能保护生态和人居环境的景观。

（三）农业旅游学

农业旅游学贯穿于农业与旅游之间，是研究农业旅游发展规律的交叉学科。它以农业旅游为研究对象，研究如何将其发展和构造为审美对象和旅游对象，以及如何进行开发和利用。利用农学和旅游学这两大学科来研究农业旅游问题。农业旅游运动规律具有季节性、地区性、市民性和参与性四个特征。

乡村旅游规划设计通过运用农学和旅游学有机结合，就是农业的生产性与旅游的体验性相结合，即农田优质高产与田园优美风光相结合、果蔬多元品种与趣味采摘相结合、生产装备齐全与造型美观相结合。利用农业资源，包装改造农业景观，从而实现吸引游客的目的。

（三）旅游可持续发展理论

可持续发展这一理念，是在20世纪80年代初由世界环境与发展委员会在《我们共同的未来》所提出，其中可持续发展理论概念主要由三大要素组成，分别为生态要素、经济要素以及社会要素。第一个生态要素指加强对生态环境的保护，尽可能减少破坏；第二个经济要素指应该多思考经济效益；第三个社会要素指在满足社会经济发展的前提下，还需要考虑能否满足人类自身的需求。当面临旅游资源开发和对旅游资源潜在价值进行挖掘时，我们只有将上述三大因素进行协调发展，才可以顾全经济效益的获取和人类自身的需求，从而完成资源环境的可持续发展。

在对旅游地进行开发时首先需要思考的是生态要素，在努力挖掘旅游资源潜力价值时，还需要将旅游地周边的生态景观的协调性和旅游资源互相组合，在加强对旅游地周边环境保护的同时，还应该将生态环境的可承载能力纳入考虑范围。现如今，众多旅游资源属于不可再生资源范畴，因此在对相应的旅游资源开发时，必须以旅游资源可持续发展理念为指导，需要清晰准确地认识旅游资源，在旅游资源特殊性的背景下，综合考虑社会、经济、文化以及环境这四大指标，科学地决策，合理地制定相应评估方法，这样才能逐步实现可持续发展，对旅游行业具有一定的理论价值和现实意义。

（四）环境心理学

环境心理学是研究环境与人的心理和行为之间关系的一个应用社会心理学学科，分析人在不同环境下所产生的心理反应和行为规律。景观设计围绕个体环境的心理需求，从人对空间公共性、私密性和领域性的需求特征，设计出符合人们舒适感和安全感的景观设计。

一定意义上，受到人们欢迎和符合人们需求的景观设计都是研究心理的结果。乡村旅游景观设计通过研究环境心理学，可以在空间尺度、色彩搭配、景观配置上提升居民和游客的满意度。

（五）旅游人类学

旅游人类学中强调原生性保护，乡民正是乡村旅游中最具原生性活力的表现。

首先，通过乡土建筑风貌展示"人"的生存智慧。乡土建筑蕴含着丰富的历史、科学和艺术价值，能直接表达乡村的个性特征。目前，有的规划盲目要求迁建、复建或兴建人造景观，致使一些乡土建筑原有的历史风貌格局被肢解，造成乡村特色的缺失。乡村建筑还能充分展现人的生存智慧。无论是清丽婉约的水乡古镇，还是质朴自然的黄土窑洞，都是乡村人祖辈智慧的结晶。乡民祖居于此，乡土建筑与乡民的生活息息相关，所以对乡土建筑的改造与利用，应当充分听取乡民的意见，尊重其结构的特色和完整性。

其次，通过乡村活动展现"人"的精神世界。乡村旅游规划应结合乡民的日常生活，将这些生活形态设计到规划中。例如，通过组织开展推磨、播种、收割、喂养家禽等农事活动，让游客体验乡民劳作的艰辛；通过设计组织游客参与赶集、庙会等活动，让游客认识乡村贸易的民俗形态；通过组织游客体验如跳鸡、抬轿子、打水漂等游戏活动，让游客体验乡村自然纯朴的休闲文化；通过设计开展乡村戏曲学唱、乡村艺人表演等文艺活动，让游客充分融入乡村生活中去。

再者，通过家族文化的传承体现乡村的绵延发展。在我国乡村，宗族意识、家族本位观念根深蒂固，家族及家族关系仍然是乡村社会的客观存在。

可以通过祠堂修缮、族谱修订等方式，将祠堂、宗祠融入乡村旅游中，并设计成一个参观项目，使游客体验到乡村文化中"人"的代际和情感的延续。

最后，通过乡民的参与彰显乡村之魂。乡民是乡村文化的展示者，是乡村旅游中"活"的资源。一些规划将乡民迁出村落，让投资者入驻经营，殊不知失去了乡民的乡村也就丢掉了乡韵、乡魂。只有通过乡民的积极参与，包括从事本土民俗表演、指导农事活动、教授乡村游戏等，以及提供有乡村特色的餐饮、住宿等服务，才能给游客以真实的乡村面貌，这也是乡村旅游不能离开的魂之所在。

二、规划要素

（一）乡村自然景观资源

乡村的自然景观资源主要包括耕地资源、森林资源以及湖泊溪流类水资源等。这些自然生态资源具有独有的特征，是乡村发展旅游业和吸引游客前来观光的基础。在大力挖掘乡村旅游景观资源的时候，要注意保护自然生态环境，不能因为过度开发旅游产品而忽视人与自然的和谐关系。在保护生态资源的同时，可以通过人为手段修复因开发而破坏的自然生态景观环境。

（二）生活空间

乡村居住生活空间是包括乡土建筑、乡村道路、乡村公共空间且带着当地居住习惯特色的三维空间。它不仅是乡村居民长久以来生活的地方，同样也是为游客展示乡村魅力且为游客提供休闲住宿、餐饮消费、购物娱乐等活动的空间。随着乡村的不断被开发以及乡村旅游的不断发展，乡村生活空间变得拥挤和混乱，而传统的空间组合已满足不了游客不断更新和丰富的需求。有必要优化传统乡村空间，让乡村旅游更加舒适且充满活力。

（三）乡土建筑

乡土建筑是乡村生活空间的重要组成部分，它也是乡村悠久历史、传统文化以及民风民俗的典型代表。当地的建筑规模、建筑形态、色彩装饰、空间形式不仅代表了当地村落的特色所在，也同样是吸引游客前来观光旅游的闪光点。为了发展乡村旅游，乡土建筑有必要改进其建筑功能、丰富建筑形式、满足游客多方面的需求，将建筑的深层价值发挥到最大程度。

（四）旅游景点

在乡村旅游景观规划过程中，能让乡村有亮点的关键就是旅游景点的设计环节。它的设计是乡村旅游建设中的头等大事。在旅游景点的设计中要综合考虑旅游景点的主题、配套设施、游客容量等多方面的内容，只有让旅游景点出彩，才能让乡村旅游散发自身的魅力。

三、规划内容

（一）现状分析

在乡村旅游景观规划的早期阶段，有必要对村庄进行实地调查和分析，收集相关数据，并深入村庄，与村委会讨论，从而全面了解村庄的现状。在与村民访谈后根据受访村民的切身需要和村落的基本情况，对乡村休闲旅游的发展进行评估，切忌盲目跟风，在适应当地实际情况的基础上科学合理地规划和设计乡村旅游景观。

（二）规划定位

在充分调查和了解当地村落的基本概况和资源现状的基础上，根据乡村的整体风貌和肌理，对乡村旅游的主题风格、发展方向、景观特点等进行精准定位。首先将清乡村旅游的总体规划思路，进而找准其特色主题风格、发展方向以及景观类型等定位，最后对乡村的生态、生产、生活景观及各种细节景观元素进行主题统一，在烘托当地特色文化的基础上展现乡村旅游景观的特色。

（三）整体布局

在对乡村旅游进行精准的规划定位了以后对乡村进行总体的旅游规划设计，首先要保护和尊重乡村原有的村落布局及乡村肌理，在传承和保护原始形态的基础上，因地制宜地满足时代发展要求，对乡村的整体布局进行合理改善和调整，科学合理地规划以满足于居民们的日常生产、生活、生态的基本需求以及不同年龄层对于多样化旅游产品的需要。

（四）专项规划

乡村旅游景观的专项规划是在特色规划定位和规划整体格局后开展的，乡村旅游景观的专项规划主要包括：交通流线规划、公共基础设施规划、建筑景观规划、旅游产品设计等。专项规划是乡村旅游景观规划的主要流程，它对于乡村旅游景观规划的完整性起着必不可少的作用，在设计中要注重专项规划与总体布局相协调和统一。

（五）节点设计

乡村旅游景观规划中要注重将主题风格也体现在节点设计中，对每一个有利于体现乡村整体风貌的景观元素进行细节的详细设计，对乡村旅游景观内容进一步地丰富化，使规划风格和要求在细节设计中体现。因其是最能直观体现乡村旅游景观品质的环节，所以在节点设计中要注重景观的特色、质感和观感，让游客在优美舒适的乡村景观中移步异景。

（六）运营管理

在项目的策划环节，要充分了解和挖掘当地的乡村自然生态资源及特色人文资源，结合当地的农产业情况以及民俗民风特点，打造丰富的不同类别的旅游活动；也应该充分考虑游客的不同需求，结合传统节庆活动，开发趣味性强、参与性强的特色项目，包括节庆项目、民俗项目、体验项目、观光项目、科普教育项目来提升乡村特有的吸引力。在运营管理上也应该制定详细的相关规划，且多方配合地保障乡村管理监督、资金、技术等措施的施行，实现乡村的可持续性发展。

四、构建方式

（一）原生发掘

原生发掘主要针对具有良好自然景观资源的乡村，以保护为前提，进行乡村旅游景观营造。若是具备优秀传统文化和传统产业的乡村，只需在产业和传统文化的基础上，进行景观转换升级。这种类型的乡村中田园风光和乡村居民的生活生产方式本身就是一种"天然"的景观，是当地村民与大自然共同创造的独特景观，具备巨大的旅游吸引力。

（二）再生修复

再生修复主要针对曾经具有良好自然环境或者特色传统文化，但是在乡村建设过程中优势资源逐渐衰败，甚至消失的乡村。对于这样的情况，前期要通过深入调研了解乡村具体情况，听取村民意见，然后进行具体的规划设计，以修补恢复为目标，使传统文化得以延续，景观与乡村建设相互协调。可以从两个方面进行，一是生态修复，利用景观营造对乡村中的水、土壤、植被等生态要素进行修复。二是文化修复，对濒危的文化进行挖掘和追溯，以景观的模式进行再生。

（三）重生涅槃

重生涅槃主要针对已经丧失良好自然环境和无产业、无特色文化的乡村。这样的乡村深究其历史，无从考究，发展乡村旅游较为困难。可以考虑与当下城市居民新兴需求相结合，如野炊、露营、亲子游、自驾游营地、儿童度假营地等项目，发动村民参与，招商引资，打造旅游品牌，重铸乡村活力。

第四节　乡村旅游高质量发展

一、乡村旅游高质量发展相关研究

2021 年，中央一号文件多次强调休闲农业和乡村旅游发展。依托丰富的红色文化资源和绿色生态资源发展乡村旅游，是实现乡村振兴的好做法。事实上，各地乡村旅游发展如火如荼，释放出较大的经济效益、生态效益、社会效益和文化效益，成为乡村发展的新动能。但是，乡村旅游发展经历了一个时期的"井喷式"增长后，过密化、同质化、低质化、供需不匹配等问题不断涌现，制约了乡村旅游在全面推进乡村振兴进程中的作用发挥。"十四五"时期，我国经济社会发展以推动高质量发展为主题。基于全面小康后的市场需求全面升级，脱贫攻坚与乡村振兴有效衔接的要求全面升级，乡村旅游如何在既有发展水平上，持续探索高质量发展的推进路径，不断推动供给侧改革、优化要素供给、完善合作机制、培育发展动能，更加有效地助力乡村全面振兴，是当前乡村旅游转型升级的重要议题。

随着高质量发展主题的提出，国内学术界围绕乡村旅游高质量发展的研究正在起步，主要集中在三个方面。

（1）阐释乡村旅游高质量发展的内涵特征。于法稳、黄鑫、岳会从生态经济学的角度，围绕资源禀赋、规划引领、供需匹配与产业结构等方面解读乡村旅游高质量发展内涵；崔健、王丹从价值论、境遇论、建构论"三重论域"提出，乡村旅游高质量发展是以绿色发展理念为指导，旨在实现乡村经济、社会、生态三者协调可持续发展的全新发展模式；从因地制宜、农文旅融合、促农增收三个方面论述了乡村旅游高质量发展的关键要素。学者们普遍关注乡村旅游的综合效益提升，认为乡村旅游高质量发展是在可持续发展基础上的一次转型升级，在过去规模扩张的基础上，更加注重内涵发展及对农业农村现代化的贡献。

（2）探讨乡村旅游高质量发展与全面推进乡村振兴的耦合协调关系。邓小海、肖洪磊认为，从脱贫攻坚到乡村振兴，乡村旅游要致力于突破以"一达标、两不愁、三保障"为要的"局限性的经济为上"，转向基于乡村五大振兴的"全方位的高质量发展"；李志龙以凤凰县为案例，通过构建乡村振兴和乡村旅游的评价指标体系，计算其综合评价指数、协调度和协调发展度，分析了乡村振兴与乡村旅游的关联机制与演化规律，认为二者相互作用、相互影响，形成"压力→嵌入→调整→协调"的耦合发展过程；戴克清、蒋飞燕、莫林丽以六安大别山为例，选取乡村振兴背景下符合高质量发展要求的评价要素，构建了包括三个测度维度、六个核心要素及十八个具体指标在内的乡村旅游高质量发展评价体系，指出乡村治理、产业融合、资源禀赋在高质量发展中发挥重要作用。由此可见，在全面推进乡村振兴背景下，乡村旅游高质量发展不仅是乡村产业的路径选择，更是乡村五大振兴的重要聚合与强劲动力。

（3）探索乡村旅游高质量发展的模式与路径。张碧星基于产业链视角探寻乡村旅游产业化道路，从资源整合、人才队伍、品牌打造等方面提出乡村旅游高质量发展路径；武少腾通过对四川乡村旅游的综合评价得出，四川乡村旅游可持续发展处于中等水平，有较大提升空间，而交通条件和旅游收入占比成为主要制约因素；马斌斌以全国首批320个乡村旅游重点村为研究样本，对其空间分布特征、类型结构、产品形态等方面进行识别，认为资源禀赋基础、经济发展水平、客源市场规模、交通区位条件、政策及创新环境是主要影响因素；肖黎明、王彦君、郭瑞雅基于"留住乡愁"的理念，从环境要素、经济要素、民生要素三个方面构建乡愁视域下乡村旅游高质量发展的指标体系；张祝平阐述了文旅融合对乡村旅游高质量发展的意义、形成逻辑及路径选择，从加大文化驱动、重构文化记忆、借助信息科技、创新政府引导四个方面提出具体建议。

综上所述，乡村旅游高质量发展应高度关注政策环境、资源禀赋、基础设施、产品创新等要素，基于不同地域条件探索不同的发展模式。总体来说，国内学者从不同视角对乡村旅游高质量发展做出了初步探讨，普遍关注到乡村旅游高质量发展与乡村振兴的互促关系，论述了乡村旅游高质量发展"是什么""怎么做"等关键问题。已有研究或聚焦宏观层面的论述，或基于某一视角的研究，或从某地概况出发进行探讨，缺乏对高质量发展影响因素关联性的深入探究和多个样本的微观验证，缺少从政府、资本、游客、农民等多重视角进行的系统关注，将政策支持、多元协作、业态融合和主体利益同时纳入乡村旅游高质量发展逻辑框架的研究更是阙如。

二、乡村旅游高质量发展的影响因素分析

在经济学意义上，促进经济增长的要素有五个方面，即资源、劳动力、资本、科技、制度，但在经济高质量发展阶段，经济增长正从传统要素驱动转向创新要素驱动。陈昌兵（2018）提出，在经济高质量发展阶段，促进经济增长的动力应该由物质资本、劳动力等投入要素向创新演变。任保平（2018）认为，随着未来政策引领（创新战略、对外开放制度）的深化，人力资本和生态资本的不断积累，经济增长质量将持续攀升。金碚（2018）也从供给侧（创新引领）和需求侧（人民向往）两方面分析了经济高质量发展阶段与高速增长阶段不同的新动力机制。任保平（2018）较为全面地提出新时代中国高质量发展的主要因素：人口的质量与结构、资源环境的质量、资本积累的质量、技术创新的质量、对外开放的质量和制度安排的有效性。目

前，学术界对乡村旅游发展影响因素的研究大多从乡村旅游空间分布、乡村旅游产品、游客满意度、扶贫效益等管理学角度出发，从产业发展角度研究的文章不多。彭蛟等（2019）将乡村旅游产业化发展的主要影响因素归纳为人员素质、生态旅游环境、旅游资源和旅游产品、政策的制定、旅游环境。李丽梅（2018）从经济与产业发展、居民收入消费、政府扶持、金融与信息化水平、人口受教育程度等方面探讨了影响休闲产业发展水平的主要因素。

因此，从经济高质量发展的主要驱动力出发，结合影响乡村旅游产业发展的因素，本书将影响乡村旅游高质量发展的因素归结为以下几种。

（一）人力资本

在乡村旅游高质量发展阶段，创新驱动是产业高质量转型发展的第一动力，传统生产要素要向创新要素转变，而人是高质量发展的核心要素。人力资本的积累是乡村旅游产业的发展前提和发展动力，是推动产业升级的关键因素，也是影响乡村旅游发展有效性、创新性、稳定性和持续性的源泉。现如今，人口数量红利逐步消退，中国的人口质量红利已经开始替代人口数量红利在经济活动中发挥主导作用，从而为中国经济的持续增长奠定了基础。人口红利是指在特定的经济发展环境下，有效劳动参与率以及人口结构转型会激发经济红利，而人口红利来自人力资本的深化与广化，对乡村旅游产业结构的优化升级具有重要的正向影响。

人力资本对乡村旅游高质量发展的影响表现在以下层面。首先，人力资本能够提高劳动生产率、企业技术创新能力。人力资本代表着较高的劳动力质量，劳动力质量的提高会直接影响乡村旅游产品开发能力，通过推动乡村旅游模式、业态创新发展，影响乡村旅游供给质量，推动乡村旅游持续发展。其次，人力资本对产业结构转型具有重要影响，从而影响乡村旅游产业发展的稳定性。人力资本能够推动产业内部、产业间相关企业的专业化整合，使有限资源向产业链高端集中，以此塑造乡村旅游产业链条、优化要素配置、提升全要素生产率，提高乡村旅游抗风险能力。最后，人力资本会通过影响收入水平和消费结构作用于乡村旅游高质量发展。一般来说，一个国家或地区人力资本水平越高，其收入水平与消费水平也越高。根据马斯洛需求层次理论，消费者收入水平越高就会追求更高层次的尊重需求，偏好多样化、品质化的乡村旅游产品，推动乡村旅游高质量发展。但如果短期内乡村旅游供给质量得不到提升，无法满足消费者需求，反而会激化供需矛盾，对乡村旅游的有效性发展产生不利影响。

（二）技术创新

技术周期理论认为，产业转型升级的动力来源于技术创新，大规模资本投入带来的发展是有限度的，推动乡村旅游产业创新发展的主要因素需要转变到技术创新上来。因此，乡村旅游高质量发展离不开技术创新的支持，只有依靠科技创新不断增强产业创新力，才能不断提高乡村旅游供给质量。技术创新环境的改善会直接影响到乡村旅游发展的创新性和持续性，进而影响到乡村旅游供给的有效性。就旅游企业来说，企业内部的创新能力的提高会直接影响乡村旅游产业开发能力、经营管理水平、服务质量水平，影响乡村旅游发展的有效性。另外，如果旅游企业创新效率低下，资本的大量投入造成资源的浪费，发展效率得不到提升，反而会对乡村旅游发展的创新性产生不利影响。就相关产业来说，如休闲农业作为乡村旅游的重要组成部分，农业种养殖高新技术的研发和推广，降低了农业生产成本，丰富了旅游主题和空间、增强了旅游参与体验感，因此农业企业的创新投入同样影响乡村旅游的有效性发展。

（三）市场需求

乡村旅游的高质量发展，需要保证一定数量旅游消费者，而游客的多少是由居民闲暇时间和旅游客源地的消费结构决定的。近年来，随着法定节假日的多次修改，改革黄金周成为大势所趋。最新的放假办法规定全年放假总量为 115 天，而具有带薪休假权利的职工或教师、学生等特殊群体，则一年平均休假时间超过 1/3。黄金周的多次整改使得单次假期变短，全年假期更加分散，彻底改变了人们的休假方式，加快了旅游产业的改革，距离较近、休闲方式多样的乡村旅游更加受到人们的青睐，假日经济效应得到充分发挥。乡村旅游发展还受到需求结构变化的影响，即随着人均可支配收入水平的提高，人们的消费支出结构也会发生变化，当人均可支配收入水平提高时，对乡村旅游等休闲活动的消费需求比例提高、消费质量要求更高。在消费需求分析上，根据马斯洛需求层次理论，人均可支配收入与旅游消费的层级呈正相关，而旅游消费结构的变化与乡村旅游产品质量提升密切相关。当乡村旅游产品供给与旅游消费需求变化相适应时，乡村旅游发展的有效性得以提升；当消费需求变动剧烈或与供给不相匹配时，会对乡村旅游发展的有效性和稳定性产生不良影响；当消费需求随着经济持续稳定增长时，乡村旅游发展的持续性水平也会随之提高。

（四）政府投入

政府、旅游管理部门及其他相关部门在乡村旅游产业发展方面提供的政策支撑、资金引导和行政法规等，是乡村旅游产业高质量发展的制度保障（马颖杰，2019；李剑锋、黄泰圭，2019），影响着乡村旅游发展的有效性、稳定性、持续性和共享性。

首先，在产业政策方面，政府部门根据地区总体经济发展的目标和战略，通过直接颁发产业发展政策，对乡村旅游产业总体发展规划、投融资政策等进行具体设定，为乡村旅游产业发展提供基本指导和战略方向。

其次，在资金引导方面，乡村旅游产业与企业的创新发展离不开资金支持。政府在乡村旅游产业发展中，通过财政补贴、政策倾斜，为乡村旅游产业培育良好的投资环境与融资平台，不仅直接对乡村地区进行补贴，更积极引导社会资金投入乡村旅游产业，保障了乡村旅游产业高质量发展的资金来源。

最后，在行政法规支持方面，制定乡村旅游和休闲农业的法律法规是合理开发旅游资源，规范休闲旅游市场秩序，促进产业良性发展的法制保障。乡村旅游管理体制机制的创新与完善，则有利于明晰各级主管部门职能，在乡村旅游产业战略规划、市场营销、生态环保方面起到监督与管理作用，从而实现乡村旅游资源的有效配置和产业的高质量发展。

（五）基础设施

一个地区的基础设施完善程度是支持乡村旅游产业持续发展和高质量转型的基础条件。基础设施主要包括交通运输设施、邮电通信设施、乡村金融服务设施、排污处理设施、环境卫生设施等基础设施和公共服务设施。乡村旅游产业的形成和发展离不开基础设施的物质支持，乡村旅游产业发展质量越高，对基础设施的要求就越高，也会促进乡村地区生活环境的改善。

传统旅游产业发展受交通因素影响较大，交通基础设施的完善，交通设施数量的增加和效率的提高，缩短了客源地与目的地间的空间距离，减少了休闲旅游者的时间成本，并带给旅游者安全、舒适、快捷的出行感受，而在经济高质量发展阶段，现代信息通信技术水平越来越重要。

信息技术的广泛应用和各种技术创新产品的出现，一方面，为休闲旅游者提供了更多的选择空间，降低了方案搜寻成本；另一方面，显著降低了乡村旅游企业的经营成本，能有效掌握市场的即时需求，设计开发迎合市场需求的创新产品，以提高经营效率。因此，完善健全的基础设施对加快乡村旅游产业高质量转型发展有巨大的促进作用。一个地方的金融化发展程度，也会对乡村旅游高质量发展产生重要影响。因为乡村旅游产业的运营、产品的开发离不开大量资金的支持，充足的资金是乡村旅游相关企业开展经营活动、创新产品模式、提升服务质量的重要保障，能否及时筹集到企业生产所需要的资金以及能否获得稳定的资金来源，对乡村旅游高质量发展的有效性、稳定性、创新性、持续性有着重要影响。

三、实现乡村旅游高质量发展的必要性

（1）乡村旅游产业的高质量发展是实现乡村振兴的重要路径，助力脱贫攻坚高质量完成的重要抓手。旅游业是以旅游资源为依托，结合旅游设施为游览者提供旅游服务的综合性产业。旅游业的发展壮大将促进地区经济、社会、文化、生态等各方面的发展。乡村旅游业在过去的发展证明，乡村旅游业在促进农民增收、丰富村民精神生活、改善乡村基础设施状况、提升乡村整体风貌等方面发挥了积极的作用。

（2）乡村旅游的高质量发展，为农民在家门口就业，从根本上解决留守老人、妇女、儿童等社会问题提供了可行解决方案。近年来，随着我国经济形势的持续向好发展，越来越多的青壮年村民为了改善自身的生存境况而离乡背井，进城务工。农民工在为城市发展注入巨大有生力量的同时，也给乡村社会留下了空巢老人、留守儿童、妇女。空巢老人的赡养得不到保障，留守儿童得不到父母的关怀，留守妇女得不到家庭的温暖，这一系列的问题阻碍了乡村社会的发展，更阻碍了乡村振兴战略的实现。现阶段，乡村旅游在吸纳村民就业、务工人员返乡等方面发挥了巨大作用，使得村民改善了自身的生存状况，从根本上解决了老人、妇女、儿童的留守问题，实现了农民在家门口的就业。

（3）乡村旅游的高质量发展为实现中华民族伟大复兴添砖加瓦。中国农村地大物博，农村区域用地占全国的六成，农村人口占全国的四成。只有农村人民幸福，全国人民才能幸福。只有切实实现乡村旅游的高质量发展，使村民足不出户实现经济增收、文化参与、生态宜居，切实提高村民的生存状况，才能在更长远的时间里推动乡村振兴的发展，实现中华民族的伟大复兴。

四、乡村旅游高质量发展的理论模型

根据前文对乡村旅游高质量发展内涵及影响因素的理论分析，本文提出乡村旅游高质量发展的理论模型，如图4-1所示。

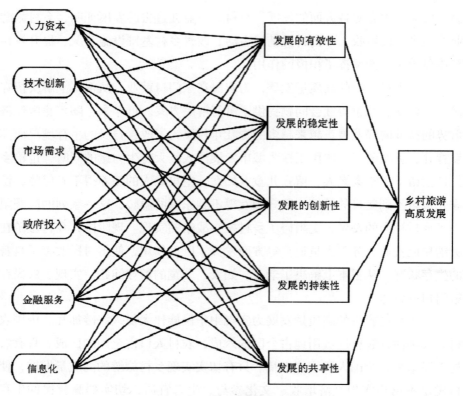

图4-1　乡村旅游高质量发展的理论模型[1]

---

① 张琪.山西省乡村旅游高质量发展研究[D].太原：山西财经大学，2020.

第五章　文旅融合背景下乡村旅游资源开发

科学评价乡村旅游资源和开发价值，明确乡村旅游开发方向是发展乡村旅游的先决条件，以确保旅游产品既"就地取材"，又"适销对路"。随着乡村"产业兴旺、生态宜居、乡风文明、治理有效、生活富裕"方针和"产业振兴、人才振兴、文化振兴、生态振兴、组织振兴"战略的持续推进，乡村地域内的旅游者能体验和感知到的旅游吸引物也随之不断演变，对乡村文化和旅游资源的深度开发也提出了新的目标和要求。本章围绕文旅融合背景下乡村旅游资源开发的相关内容展开分析。

第一节　乡村旅游资源类型和格局分析

根据旅游资源的一般概念，乡村旅游资源可以界定为乡村地域范围内，能够被旅游业开发利用，让旅游者产生吸引力，并且可获得社会效益、经济效益以及环境效益的各种现象和事物。这一概念表述主要是从旅游业和旅游者两个方面来界定的，涉及旅游资源禀赋与吸引力。其中，旅游资源禀赋分析主要涉及旅游资源类型、数量、格局；吸引力是指旅游资源整体上对游客的吸引程度，反映了游客的感知与意愿，多以旅游目的地整体为对象进行分析。

一、乡村文化和旅游资源分类

在原有的旅游资源分类体系基础上结合乡村地域特点，参考《旅游资源分类、调查与评价（GB–T18972–2003）》相关的行业标准、政策文件、研究论文以及旅游规划文本等，将乡村旅游资源分为乡村自然生态和乡村文化旅游资源。其中乡村自然生态类资源主要指各种因乡村地形、地貌、气候、土壤、水体、植被的共同影响而天然形成的物质要素；乡村文化旅游资源是指那些看得见、摸得着、有具体形态的可以吸引游客且能够为旅游业所开发利用的资源。乡村物质文化旅游资源主要包括文物类、建筑与设施、文旅购物等资源；乡村非物质文化旅游资源主要是乡村在长期生产生活过程中形成的传统技艺、生活习俗等，如表5–1所示。

表5–1　乡村旅游资源分类体系

主类	亚类	基本类型	典型代表
乡村自然生态资源	地文景观	山地丘陵	高山、丘陵、峰林、峡谷
		独峰奇石	造型独特的山峰、岩石
		特色地质地貌	丹霞、喀斯特、海蚀、洞穴、红土、矿藏
		岛屿岸滩	江心洲、沙滩、岩礁、围垦地

续表

主类	亚类	基本类型	典型代表
乡村自然生态资源	水文景观	湿地	海滩、河流、沼泽、湖泊、水库、池塘、红树林
		瀑布溪流	跌水、山涧、小溪
		风景河段	风景河岸、山水画廊
		温（冷）泉	温泉、冷泉、山泉、矿泉
		海洋景观	海水、海岸、海滩、潮汐、击浪
	生物景观	森林草地	天然林、次生林、人工林、生态公益林、经济林、草甸
		古树名木	古榕树、古樟树、古荔枝树、古银杏树
		珍稀生物群落	娃娃鱼、针阔混交林、桦树林
		鸟兽鱼虫栖息地	候鸟栖息地、蝴蝶谷
	天象与气候景观	天象	风、霜、雨、雪、雾、雨、雷、云
		气候	季节、节气
乡村文化旅游资源	乡村聚落与建筑	文物	古籍、历史档案、化石、古人文化遗址、古墓葬、古建筑、石窟寺和石刻、近现代重要史迹和代表性建筑
		民居建筑	老村寨、旧街区故居、旧宅、老屋
		公共建筑	祭祖场所、乡学场所、宗教场所、展览场所
		景观小品与附属型建筑	形象标志物、观景点、观景台、雕塑、碑碣、碑林、经幢、牌坊牌楼、照壁、门廊、长廊、景观步道、栈道
	乡村生产场地	农业生产场所和设施	农作物种植地、花卉苗木种植地、水产养殖、农产品加工制造地
		公共基础设施	道路运输、水工建筑、通信设施
		接待服务场所和设施	社会商贸活动场所、特色店铺、特色市场、酒店、民宿、休闲农庄、度假区

续表

主类	亚类	基本类型	典型代表
乡村文化旅游资源	乡村民俗文化	文学与美术	民间文学、传统美术
		传统表演与杂技	传统音乐、传统舞蹈、传统曲艺、传统体育、游艺、杂技等
		传统实践	传统技艺、传统医药、特色服饰、菜品饮食
		人事活动记录	地方人物、地方事件
		岁时节令	宗教活动与庙会、农令节日
		特色活动	商贸活动、赛事活动、会展活动、文艺活动
			话剧歌剧、音乐演出、曲艺演出、舞蹈演出、实景演出

二、乡村旅游资源空间格局

（一）集中化指数

运用洛伦兹曲线来表征各旅游资源类型间的集中化程度和结构特征，集中化指数公式为：

$$I = \frac{C - K}{M - K}$$

C：类型旅游资源的累积百分比之和。

M：完全集合分布时的累计百分比之和。

K：完全平均分布下的累计百分比之和。

（二）最邻近指数

从空间分布来看，任何地理要素的空间分布都有着三种状态集聚（Clustered）、随机（Random）、离散（Dispersed），从可视化地图上能看出点要素（如旅游资源）大致分布状态，但缺乏准确性。而最邻近距离指数（Nearest Neighbor Indicator，NNI）是将点要素的空间关系进行量化，能描述空间点要素的有效空间计量。从区域范围来看，旅游资源地区或单位在空间地理上可以抽象为点状要素，其空间分布类型可用最邻近指数进行判别。计算式为：

$$R = \bar{r} \Big/ \bar{r}_i$$

其中 $\bar{r}$ 是实际最邻近距离，$\bar{r}_i$ 是旅游资源所在位置在地理空间中分布为Poisson分布型时的理论最临近距离，计算公式为：$\bar{r}_i = \dfrac{1}{2\sqrt{n/A}} = \dfrac{1}{2\sqrt{D}}$。$n$ 为旅游资源点数，A 为区域面积，D 为点密度。

当 $R>1$ 时，说明旅游资源的空间分布类型趋于均匀分布；当 $R=1$ 时，旅游资源的空间分布类型为随机分布；当 $R<1$ 时，为聚集分布。

（三）核密度分析

核密度分析用于计算每个输出的栅格像元周围点的密度。从概念上理解，每个点的上方覆盖平滑曲面，点所在的位置出现表面值的峰值，随着与点的距离增加，表面值降低，在与点的距离等于搜索半径时，表面值为零。通俗的表达就是认为地理事件可以发生在空间的任何位置上，但是在不同的位置上的概率不一样。点密集的区域事件发生的概率高，点稀疏的地方事件发生的概率低，核密度估计能够直观地反映旅游资源的具体集聚地和集聚程度，计算公式 $f(x)$ 为：

$$f_n(x) = \frac{1}{nh}\sum_{i=1}^{n} k(\frac{x - X_1}{h})$$

式中k（　）为核函数；$h>0$为带宽；（$x-Xi$）表示估值点x到旅游资源点Xi出的距离。

（四）热点区分析

热点区分析不同于核密度分析，热点区分析是某个要素及其相邻要素的局部总和将与所有要素的总和进行比较；当局部总和与所预期的局部总和有很大差异，以至于无法成为随机产生的结果时，会产生一个具有显著统计学意义的z得分，z得分表示标准差的倍数。z得分越高，高值（热点）的聚类就越紧密。可直观的识别旅游资源的聚集程度，并测度热点区与冷点区的空间分布，公式为：

$$G_i^*(d) = \frac{\sum_{\Sigma=1}^{n} W_{ij}(d) X_j}{\sum_{i=1}^{h} X_j}$$

上述公式为空间权重矩阵，代表区域内旅游资源数量。为了便于计算对其进行标准化处理，即：

$$Z(G_i^*) = \frac{G_i^* - E(G_i^*)}{\sqrt{V_{ar}(G_i^*)}}$$

上述公式中的和分别是的期望值和方差。当≥0时，表示i地区的分布值高，呈集聚分布，即为热点区；当<0时，表示i地区的分布值低，呈低值的空间集聚，称为冷点区。

第二节　乡村文化旅游资源吸引力评价

随着社会经济的不断发展，旅游业逐渐成了人们日常生活中的"必需品"，走马观花式的观光游已不能满足游客对深度旅游体验的需求。为了迎合游客的高层次需求，适应现有旅游市场发展，要深度挖掘旅游地文化，丰富旅游体验的内容。文化旅游资源不同于一般的商品，形成于人类活动的长时间沉淀与发展，普遍被强调的是一种准公共产品或公共产品属性，附加服务后进入游客视野，市场属性得到张扬。另外，文化旅游资源的市场交易方式具有特殊性，在固定市场价格的约束下基于游客的价值判断决定交易成败，当游客认为有意义，做出出游决策，交易方可达成。文化旅游资源之于游客的意义，更多在于感悟人类生产生活中创造的物质与精神文明财富，与人们的生产生活息息相关，其价值可以被清晰评判，所以基于游客感知进行测量是更为合适的方案。文化旅游资源属于人类生产生活中创造的物质与精神文明财富范畴，与人们的生产生活息息相关，其价值评估应该突出消费者自身需求、旅游体验以及对文化本源的认知，准确反映资源客体之于消费主体的真正意义，指导有效供给，这是现有旅游资源评价体系尚无法满足的。所以，从游客感知视角构建一个全新的文化旅游资源市场价值评价体系，意义重大。

一、乡村文化旅游资源吸引力分析体系

旅游吸引力的研究最初多为对旅游吸引物概念的探讨，旅游吸引物的核心是旅游吸引力，无吸引便无旅游，多位学者从各个角度对旅游吸引力的概念与内涵进行界定或阐释。杨振之认为旅游吸引物是由旅游地资源、旅游服务及其设施和旅游客源市场三大要素构成的相互吸引、相互制约的有机系统，针对这一观点，林红等对旅游吸引物进行了系统论分析，指出旅游吸引物的根本属性在于对游客的吸引力和激发人们的旅游动机。陈岩英认为旅

游地吸引力作为一种结构性吸引力，它由旅游资源吸引力、旅游服务吸引力、旅游环境吸引力等要素共同构成，并且各吸引力要素存在演化逻辑上的差异。谌贻庆等认为旅游吸引力的本质是旅游资源子系统与旅游客源市场之间在自然、经济、文化等方面的差异。余意峰提出了目的地感知吸引力的概念，认为其包含整体环境吸引和观光体验吸引两个维度，重游者在整体环境吸引上的感知显著高于初游者，二者在观光体验吸引的感知上没有显著差异。吴晓山认为旅游吸引力即是促使旅游者产生旅游行为动机，形成旅游消费需求，并最终产生旅游行为的一系列吸引元素的融合，表现为旅游者对旅游产品的感知所形成的心理行为。在旅游实践中，文化旅游吸引力的强弱取决于旅游者的感知体验。史春云等基于游客感知视角，运用感知理论模型分析世界遗产九寨沟和庐山等旅游目的地的竞争力。吴晶等以西安为例研究分析了对旅游地形象、满意度、忠诚度有影响的游客感知指标，研究发现游客对西安的感知可以分为基础设施、人文氛围和服务、资源吸引力、旅游信息、环境和卫生质量、新奇度及便利性6个维度。李文兵基于游客感知价值及其维度视角，构建游客忠诚概念模型研究古村落的游客忠诚状况。综上，本书认为旅游吸引力就是指能促使旅游者产生旅游动机从而产生旅游消费的旅游地旅游资源、环境、服务、基础设施等多因素的总和。

国内外关于乡村旅游吸引力以及属性的研究成果出现较早。例如，Ayhan 等对位于土耳其西北部的叶尼策地区的乡村旅游进行了土地利用适宜性分析。[①]其中涉及了坡度、土地利用开发潜力、土地利用现状、气候、地形等 8 个属性，结果显示以上因素可以确保叶尼策传统动植物生产活动的可持续性。Lewis 对促使老年人前往乡村目的地的动机进行了研究，发现三个吸引力维度：放松和逃避压力、新奇和冒险、浪漫之旅。[②]这些吸引力使得乡村旅游成为一种自我提升的方式，通过这种方式，年长的旅行者拓宽了他们的经验储备，并专注于他们的亲密关系。乡村旅行让个人脱离日常生活的

---

① Kaptan Ayhan Ç., Cengi Z., Taşlı T., Özkök F., et al. Land use suitability analysis of rural tourism activities: Yenice, Turkey[J]. *Tourism Management*，2020，（76）.

② Lewis C., D'alessandro S. Understanding why: Push-factors that drive rural tourism amongst senior travelers[J]. *Tourism Management Perspectives*，2019，（32）.

要求，重新与自己的兴趣和人际关系建立联系。国内学者戴卓、李勉通过构建休闲观光农业园旅游吸引力评价指标体系对湖北省孝感市金卉庄园的旅游吸引力进行了研究分析，该体系由自然美学价值、人文价值、经济科教价值、生态环境价值、旅游条件、服务条件、园区感知、游客满意度8个指标及20个因子构成。许咏媚等通过构建由民族传统聚落原真性、旅游资源禀赋、可进入性、旅游产品、旅游环境以及形象认知6个一级指标和21个二级指标组成关于民族传统聚落的旅游吸引力指标系统，对肇兴侗寨旅游吸引力进行研究。单福彬等通过构建包括单体文化吸引力评价、不同文化吸引力比较、区域文化整体吸引力衡量在内的多层次旅游吸引力评价体系，对辽宁省赫图阿拉村乡村文化旅游吸引力进行研究。陈金宇基于游客真实性角度构建由美食、住宿、景区内交通、景区观光、购物、冰雪游乐项目组成的冰雪旅游吸引力评价指标体系，对雪乡冰雪旅游吸引力进行实地调研。姜沛珊、贺小荣基于游客体验视角，利用其影响因素构建旅游吸引力的评价体系指标对哈尔滨冰雪旅游吸引力进行了研究。

综合国内外关于乡村旅游吸引力的维度和属性的研究。可以看出，学者们站在不同的角度。例如，不同国家、不同地区、不同人群、不同旅客的心理需求、旅游和其他学科的交互等研究，对乡村旅游吸引力的维度做出了界定。这些研究极大地丰富了乡村旅游吸引力的研究范畴。在参考前人研究的基础上，根据杨柳村的实际情况，基于游客感知视角，构建南京杨柳村文化旅游吸引力分析体系。

二、南京杨柳村文化旅游资源吸引力实证分析

（一）南京杨柳村概况

杨柳村位于南京市江宁区湖熟街道外秦淮河平原，全村居民1348人，村庄由一个个自成体系的独立宅院，又称为"堂"组成，原有36个宅院，现存比较完整的有17个宅院，共37进、366间，占地面积1.12公顷。建筑群均为

坐北朝南的多进穿堂式高墙深院，一般为3～5进，最多的"翼圣堂"是七进，十八道门槛，前后近百米。宅院间闾巷相连，全部以青石板铺路，条石为阶，古时有"青石墁地石门楼，走进杨柳不沾泥"说法，是一条洁净的"青石街"。当年，红军就把这作为根据地。"青砖小瓦马头墙，轿式大门花格窗"的建筑风貌，其承载的丰富历史文化、精美的建筑艺术、精巧的建造技艺等，具有非凡的历史价值、艺术价值和科学价值，体现了深厚的南京地域特色，是南京明清民居建筑的典范。

杨柳村始建于明万历七年（1579年），拥有400多年的建村史，历史悠久，积淀深厚，文化旅游资源十分丰富，村内拥有南京现存规模最大、保存完整的古民居建筑群，除此以外还有各式各样的非物质文化遗产，如表5-1所示。

表5-1　杨柳村文化旅游资源分类及典型代表

主类	亚类	基本类型	典型代表
物质文化	乡村聚落与建筑	乡村聚落	杨柳村古建筑群，以"堂"为单位，"横向多路、纵向多进"建筑院落格局，"青砖小瓦马头墙，轿式大门花格窗"的建筑风貌
		景观小品	精美绝伦的砖雕、石雕、木雕艺术等
		公共建筑	江宁区民俗博物、红馆、朱府大院又称"九十九间半"馆
社会文化	村落民俗	族谱	朱氏宗谱和家谱
		饮食	湖熟板鸭、洋花萝卜、毛鱼等各式农家菜
		村规民约	出耕入读、进退比敬、斯道坦然等讲求处世有道、忠勇有节、孝悌诚信的儒教家训
		传统节日民俗	社火（庆祝春节的传统庆典狂欢活动）
		庙会	湖熟四月八庙会
精神文化	民间信仰与口头文学	民间故事	杨柳村由来、村名由来、马场山传说、侠盗李开府、太平天国王妃、董小宛唱戏等
	民间艺术	民间工艺	湖熟纸扎技艺、脸子会等
		民间戏曲与舞蹈	十番锣鼓、高跷、采茶灯舞、龙都石锁、脸子会、火龙会、湖熟民间小调等
	民间体育与娱乐	民间竞技与杂艺	自行车赛道、游船花灯、竹筏体验等

（二）问卷设计与调查

南京杨柳村文化旅游资源吸引力调查问卷由三部分组成：第一部分是对旅游者基本信息的调查，包括性别、年龄、职业、文化程度、月收入等；第二部分是对旅游者行为特征的调查，包括出游动机、交通方式、是否首次去杨柳村、对杨柳村的了解渠道等；第三部分是基于游客感知角度对杨柳村文化旅游资源吸引力的测量量表，本部分由19道题组成，是关于表5-2指标的相关问题，赋值"1"到"5"分别表示"完全不同意"到"完全同意"。

表5-2　南京杨柳村文化旅游资源吸引力分析指标体系

一级指标	二级指标
旅游环境	1. 居民热情好客 2. 居住环境安全 3. 区位条件
旅游景观	4. 景观类型丰富 5. 景观具有观赏性 6. 景观规模和完整性 7. 景观具有创造性
旅游活动项目	8. 活动类型丰富 9. 活动吸引游客参与 10. 活动设计创新 11. 活动安排合理安全
旅游服务	12. 餐饮 13. 住宿 14. 旅游纪念品 15. 导游讲解 16. 景区从业人员服务
旅游基础设施	17. 指示牌设置 18. 公共厕所 19. 公共休息区 20. 垃圾箱设置 21. 景点门票价格 22. 新媒体应用

本次调查主要采取的是网络调查的方式，发放时间为2021年4月1日至4月15日，统共发放问卷241份，回收230份，回收率为95.44%，有效问卷186

份,有效率为80.87%。问卷采用问卷星进行数据的收集,建立数据库,通过SPSS软件进行数据分析。根据问卷调查样本收回的数据显示,被调查者男女比例略有差距,"女"占比为55.38%,"男"占比为44.62%,女性游客占大多数。从年龄来看,样本中"18~30岁"相对较多,样本数量为98,占比52.69%,18岁以下、31~40岁的游客占比一样均为6.99%,11.83%的游客是41~50岁,12.90%的游客是51~60岁,8.60%的游客是60岁以上,这说明去杨柳村游玩的主要群体是中青年。从职业结构上看,以在校学生和普通职工为主,分别占比39.25%、19.35%,其他的职业所占的比例虽然不高,但是在样本中均有涵盖,所以此次调查是比较合理的,代表性比较强。关于月收入,3000元以下占比最大为47.31%,3000~5000元占比25.27%,5000~8000元占比14.52%,8000元以上占比12.90%,这可以看出月收入与职业有很大的关系,因为大部分是在校大学生,所以收入会相对较少,还有一部分普通职工,其工资水平也符合现阶段国情,数据情况如下表5-3所示。

表5-3　游客人口特征统计表

问项	选项	频数	百分比（%）
性别	男	83	44.62
	女	103	55.38
年龄	18岁以下	13	6.99
	18~30岁	98	52.69
	31~40岁	13	6.99
	41~50岁	22	11.83
	51~60岁	24	12.90
	60岁以上	16	8.60
文化程度	小学及以下	17	9.14
	初中	9	4.84
	高中/中专	29	15.59
	大专	24	12.90
	大学本科	90	48.39
	研究生以上	17	9.14

续表

问项	选项	频数	百分比（%）
职业	在校学生	73	39.25
	公务员/政府、机关干部	20	10.75
	普通职工	36	19.35
	专业人员（医生、教师、律师等）	14	7.53
	务农人员	7	3.76
	无业或待业	14	7.53
	退休	9	4.84
	其他	13	6.99
月收入	3000元以下	88	47.31
	3000~5000元	47	25.27
	5000~8000元	27	14.52
	8000元以上	24	12.90

（三）游客行为特征分析

根据调查样本回收的数据显示，43.55%的游客表示他们是第一次来杨柳村游玩，56.45%的游客表示他们之前已经来过杨柳村了。从出游方式上看，自助游的占比最大，为50.54%，大部分人都选择的自助游，应该和自助游比较自由，自主性强有关。关于交通，选择公共交通的游客比较多，这与杨柳村的地理位置有关，有公交能直达。从获取杨柳村的信息渠道来看，游客知道杨柳村的方式主要是通过亲朋推荐、网络、宣传手册还有其他渠道等，其占比分别为22.58%、18.89%、17.2%和17.74%。可见，身边人的旅游意见以及网络媒体的营销是使游客对旅游目的地能产生旅游动机的重要信息渠道。关于游客来杨柳村旅游的主要动机是想体验当地的风土人情，其次是对当地的民居建筑感兴趣或者打发时间来这放松，其样本情况如下表5-4所示。

表5-4　游客行为特征统计表

问项	选项		频数	百分比（%）
是否首次来杨柳村	是		81	43.55
	否		105	56.45
出游方式	自助游		94	50.54
	跟团游		39	20.97
	自驾游		53	28.49
出行的交通方式	徒步		16	8.60
	公共交通（公交、地铁等）		76	40.86
	火车、高铁等		45	24.19
	其他		49	26.34
对杨柳村的了解渠道	亲朋推荐		42	22.58
	微博/微信朋友		37	19.89
	旅游宣传手册		32	17.20
	图书/报纸/杂志		13	6.99
	随意挑的，没有特殊关注		29	15.59
	其他		33	17.74
来参观游览杨柳村的最主要动机是	门票价格便宜		30	16.13
	对民居建筑感兴趣		42	22.58
	增长民俗知识		15	8.06
	打发时间		42	22.58
	体验当地的风土人情		57	30.65

（四）结果与分析

1. 信度检验

本文利用SPSSAU软件分析得到的克朗巴哈系数对杨柳村民俗文化旅游

吸引力评价要素变量进行信度分析，以确保各评价要素的可靠性，分析得出信度系数值为0.846，大于0.8，因而说明该研究数据信度质量高，问卷设计是有效的，结果分析如表5-5所示。

表5-5　游客对杨柳村的感知体验量表信度

项数	样本量	Cronbach α 系数
19	186	0.846

2. 因子分析

本文基于游客感知的影响因素构建了有关杨柳村文化旅游资源吸引力的评价体系，利用SPS软件进行数据分析，研究该问卷数据是否适合进行因子分析，KMO取值在0和1之间，KMO值越大越接近1，意味着变量间的相关性越强，原有变量适合作因子分析，反之KMO值越接近 0 ，意味着变量间的相关性越弱，则原有变量不适合作因子分析。如表6所示，得到该问卷的KMO为0.823，大于0.6，Bartlett球形度检验p=0.000（p<0.05），说明该研究数据适合进行因子分析，结果分析如表5-6所示。

表5-6　KMO测度和Bartlett球形检验

KMO值		0.823
Bartlett 球形度检验	近似卡方	815.604
	df	171
	p 值	0.000

通过SPSSAU软件对该问卷5个一级指标，19个二级指标因子进行了验证性因子分析，得出了各因子的载荷系数，因子载荷系数值展示了一级指标与二级指标因子之间的相关关系情况；载荷系数值一般要大于0.4，系数值越大，说明二者的相关关系就越强，如表5-7所示。

表5-7　因子载荷系数表

Factor（潜变量）	测量项（显变量）	非标准载荷系数（Coef.）	标准误（Std. Error）	标准载荷系数（Std. Estimate）
旅游环境	居民热情好客	1.000	—	0.405
	社会秩序稳定安全	1.454	0.331	0.588
	到达该地交通便捷	1.006	0.249	0.483
旅游景观	景观类型丰富	1.000	—	0.431
	景观具有观赏性	1.032	0.215	0.475
	景观具有创新性	1.522	0.279	0.609
	景观规模大、完整	0.921	0.210	0.407
旅游活动	活动类型丰富	1.000	—	0.553
	旅游活动设计的具有创新性	0.942	0.179	0.474
	旅游活动吸引游客参与	1.106	0.181	0.583
	活动安排合理安全	1.107	0.186	0.564
旅游服务	旅游纪念品类型丰富，价格适中	1.000	—	0.471
	餐饮、住宿便捷，可选择性多	0.996	0.223	0.496
	景区内导游讲解思路清晰、内容准确、具有趣味性	1.323	0.272	0.588
	景区从业服务人员服务态度好	0.812	0.190	0.459
旅游基础设施	指示牌设置合理、指引性强	1.000	—	0.405
	新媒体（电视屏互动讲解、智能机器人等各种传达文字、图片信息）的应用比较广泛	1.162	0.298	0.487
	公厕、垃圾桶、公共休息区位置设置合理、显眼	1.260	0.310	0.535
	景点门票价格符合标准	1.201	0.307	0.490

根据表5-7的数据得出，所有的二级指标的因子载荷系数都不低于0.4，所以这些因子都可以使用。与旅游环境这个指标有较强相关关系的因子是社会秩序安全稳定，表明游客对旅游环境的感知主要取决于旅游地安全秩序安全稳定状况；与旅游景观这个指标有较强相关关系的因子景观管具有创新性，表明游客对旅游景观的感知主要取决于景观的创新情况；与旅游活动这一指标有较强相关关系的因子是旅游活动吸引游客参与，表明游客对旅游活动的感知主要取决于旅游活动游客参与性的强弱；与旅游服务这一指标有较强关系的因子是导游讲解，表明游客对旅游服务的感知主要取决于景区内导游讲解的好坏程度；与旅游基础设施这一指标有较强相关关系的因子是公厕、垃圾桶等位置设置情况，表明游客对于基础设施的感知主要取决于公厕、垃圾桶公共休息区等公用设施的布局情况。因此，如果要提升杨柳村民俗文化旅游吸引的话，应首先从杨柳村的社会秩序、景观资源、民俗文化旅游活动、景点的导游讲解以及公共基础设施这几个方面进行改善。

3. 吸引力的评价

表5-8 文化旅游资源吸引力评价系统各因子的均值和权重

一级指标	影响因子	均值	权重W%
旅游环境	居民热情好客	3.371	5.298
	社会秩序安全稳定	3.532	5.552
	到达该地交通便捷	3.575	5.619
旅游景观	景观类型丰富	3.511	5.518
	景观具有观赏性	3.602	5.662
	景观规模大、完整	3.538	5.560
	景观具有创新性	3.086	4.850
旅游活动	活动类型丰富	3.371	5.298
	活动安排合理安全	3.151	4.952
	旅游活动吸引游客参与	3.161	4.969
	旅游活动设计的具有创新性	3.323	5.222

续表

一级指标	影响因子	均值	权重W%
旅游服务	旅游纪念品类型丰富、价格适中	3.220	5.062
	餐饮、住宿便捷，可选择性多	3.183	5.003
	景区内导游讲解	3.134	4.926
	景区内从业人员服务态度	3.570	5.611
旅游基础设施	指示牌设置合理	3.371	5.298
	公厕、垃圾桶、公共休息区位置设置合理	3.333	5.239
	景区门票价格	3.258	5.121
	新媒体应用	3.333	5.239

上面的因子分析对该评价系统各要素的合理性进行了系统、科学的检验，对影响杨柳村民俗文化旅游吸引力的因素状况有了大致的了解。在此基础上，利用其权重分析得出个因子的权重值和均值，从而确定杨柳村民俗文化旅游吸引力的层次结构，为其旅游吸引力的提升策略提供参考。从表5-8可以看出各项因子得分均值介于3~4分之间，因子的最高平均分为3.602，即"景观具有观赏性"；最低平均分为3.086，即"景观具有创新性"，表明游客对于杨柳村民俗文化旅游吸引力的各个因子的满意度介于"一般"和"比较满意"之间。游客对于旅游环境和旅游景观感知体验的因子评分相对于旅游活动、旅游服务和旅游基础设施来说要高一些，这表明游客对杨柳村本身的民俗文化旅游资源及旅游环境氛围是比较满意的，而对于某些对应的旅游活动形式、旅游景区相关的服务和杨柳村所配备的基础设施并没有达到或满足游客期望的要求，这是需要逐步提高的。

通过表格5-8的数据显示发现大部分因子的权重值都在5%左右，说明这些因子对杨柳村民俗文化旅游吸引力的影响效果相差不多。其中"景观具有观赏性"和"景区内从业人员态度"的权重是最高的，说明重新打理该地的旅游景观使其更符合游客审美和提高从业人员的服务素质，可以非常有效地提升杨柳村民俗文化旅游吸引力。而"景观具有创新性"和"景区内导游讲解"的权重相较于其他影响因子较小一点，说明对于景观进行创造性改造以及配备更多的导游讲解对提升杨柳村民俗文化旅游吸引力的效果明显稍弱一点，因为民俗旅游主要就是对民俗文化的传承与保留，但还是需要简单改善的。对于影响因子"新媒体的应用"是需要给予重视的，如今科学技术的普及，拥有比较好的输出设备、良好的信息技术也是一个旅游地发展良好的重要保证。

4. 吸引力得分

根据表5–8的均值及权重值，计算出南京杨柳村文化旅游资源吸引力的吸引力为3.351，每个指标的得分是该指标中各因子的均值与权重值相乘后的总和，得到的总和再除以每个指标所包含的因子个数得出每项指标的旅游吸引力分数，最后把五个指标得分相加就是该地的民俗文化旅游吸引力得分。总体评价，南京杨柳村文化旅游资源吸引力一般，其独特的建筑文化价值和民俗风情并没有被人们观赏到，因此杨柳村需要提升其旅游吸引力。而提升杨柳村民俗文化旅游吸引力的首先从旅游活动、服务和基础设施这三方面入手，其次旅游景观需要进一步修缮和监管，最后游客对于杨柳村的旅游环境还是比较满意的，但仍需要继续进行管治。

三、南京杨柳村文化旅游吸引力的提升策略与建议

（一）存在的问题

根据上面的分析情况，我们可以发现目前杨柳村民俗文化旅游资源吸引力存在以下几个问题。第一，缺乏沉浸体验式的旅游活动，进行的多是走马观花式的简单观光游览，相关的民俗文化的活动开展的也很少，不能满足游客深度体验杨柳村文化的需求。除此以外，杨柳村居民平常的娱乐活动方式也比较单一，加上公共空间场地的不足，公共基础设施的不太完善，村子里的氛围不太活跃。第二，据已去杨柳村游玩过的游客表示杨柳村旅游服务从业人员的服务态度一般，没有感受到当地服务人员以及居民的热情招待。第

三，游客对杨柳村的旅游基础设施的评分也不高，这说明该地旅游基础设施不太完善，维护状况不是很理想，公厕和垃圾箱的数量不足，其位置间隔设置也有点不合理。第四，民居建筑景观风貌不协调，随着生活方式的改变、乡村的不断建设，有些居民追求现代化的审美，把楼改造成具有现代风格的民宅，从外观和色彩上对原本具有南京特色的古建筑风貌造成了一定的冲击；一些无法修缮的废弃宅院无人处置，对整体建筑风貌也产生了影响。

（二）提升对策与建议

1. 开发乡村文化旅游体验产品

随着人们可支配收入的提高和闲暇时间的增多，游客对于旅游的形式及内容层次的需求也在不断提高，他们不再满足于普通的休闲观光游览，而是希望自己能参与到旅游中去，去感受不同于自己长居环境的各种生活方式及民俗文化。为了提高杨柳村的吸引力，我们可以借助其一些民俗文化旅游资源来开展一系列能让游客有强烈参与感的活动，如找一些会纸扎技艺的居民为游客演示其制作技艺，并在有简单易操作环节让游客体验该技艺；为游客演唱民间小调，游客有兴趣的还能学几句；在公共场地上举行脸子会等表演活动时让游客参与其中等，这些活动不仅满足了游客想要沉浸式体验的目的，还很好地传播了当地特有的历史文化艺术，活跃了当地的民居氛围，除此以外还能解决一些居民的就业问题。

2. 提高旅游服务质量

景区服务人员是对游客直接服务的，所以游客对于服务人员态度好坏的感知非常敏感。不同的游客其对旅游服务的感知也不同，所以相关部门及旅游企业要采取积极的措施，如打造具有古建筑特色的宅院，提供当地特色的农家菜，培养个性化的民俗文化讲解导游，提高服务人员的工作热情，诚挚地欢迎游客的到来，除此以外还要定期对服务人员进行培训和考核，提高其专业性并及时记录其服务过程中顾客给予的建议、投诉和不满，建立信息反馈系统，以此提高其服务质量和效率，如此优质的服务水平必然可以有效地提高杨柳村的旅游吸引力。

3. 改善旅游基础和配套设施

旅游活动正常进行的必要保障就是旅游设施，旅游的顺利开展离不开良好的旅游设施。杨柳村政府相关人员要对该村的基础设施进行再次调查规划，使其更合理，满足村民的日常需求，适应有游客来旅游的各种基本状况，游客满意了，该地的旅游吸引力也会相应提高。

4. 改善村庄建筑风貌

首先，要继续保持杨柳村特有的以"堂"为单位、"横向多路、纵向多进"的建筑院落布局，保持古村传统空间尺度与建筑风貌特色。其次，对于无保存价值并对历史建筑风貌与环境造成不良影响的建筑物，应当进行拆除，对原址进行重新规划；对于结构较好、布局合理、风貌完好未遭破坏的建筑，应当尽力修缮保护；对于新建建筑体，要严格控制其体量、高度和风格，调整其房高、门窗材质等细节，使其能与古建筑群里融为一体，从而达到与古村传统风貌协调，要采用木、石、青砖等建筑材料，保持其"青砖、小瓦、马头墙"的传统民居建筑风格，在色彩的选择上应以灰白黑为主色调。最后，充分挖掘杨柳村现有的民俗文化资源，在现存历史建筑的雕刻、门楼、花窗、梁柱等细部融入新的建筑装饰，彰显多样性和协调性。

5. 加强旅游宣传营销力度

想要吸引更多的游客，对文化旅游资源的宣传是必不可少的。来杨柳村旅游的游客中在校生占很大一部分比例，这部分群体大多都是通过网络获取的旅游信息。随着科技的发展和互联网技术的不断进步，手机成为人们进行社交活动不可缺少的工具，所以旅游景区要顺应新媒体营销的潮流，利用景区官网、微信、抖音、小红书等平台，发布景区内有趣的活动内容或者与该景区相关的信息，以此来吸引游客的关注，进行宣传和推广。

综合数据得出，杨柳村文化旅游资源吸引力一般。其中观赏性类景观比如民居建筑、景区服务人员的态度以及景区到达的便利程度比较有吸引力，但仍需改进和提升；景区旅游活动的旅游吸引力比较弱，这是造成杨柳村文化旅游冷资源吸引力低的主要因素，需要重点改善、开发吸引力强的旅游活动项目。针对这些问题，本书提出了要开发民俗文化旅游体验式活动、提高旅游服务质量、改善旅游基础和配套设施、改善村庄建筑风貌和加强旅游宣传营销力度等来提升杨柳村文化旅游资源吸引力。

第三节　文旅融合背景下乡村旅游产品开发

一般来讲，旅游资源的开发主要包含横向和纵向开发两个层面，旅游资源的横向开发指的是利用一定的科学和技术手段，将具有开发潜力的旅游资源单体改造为能够激发游客旅游兴趣的吸引物，并且适当改善游客进行旅游活动的周边条件，如交通、住宿以及饮食等条件，促成旅游活动在此地形成的技术经济活动过程。而旅游资源的纵向开发主要是围绕旅游产品开发，合理开发能够吸引游客的旅游产品和努力提升开发的旅游产品的可参与性，其次还应该提高旅游活动经营管理者和服务人员的素质，对相关的人力资源进行开发。

文化是旅游的灵魂，旅游产品的档次和品位在很大程度上取决于文化内涵。但并不是乡村中所有的资源都可以通过整合进行乡村旅游的开发，乡村旅游资源的开发还需要具备观赏性、独特性等属性，尤其是对文化资源，如乡村民俗、民族风情等的深入挖掘，增强对乡村旅游文化内涵的建设，具有"灵魂"的乡村旅游才能更好地吸引游客。文化与乡村旅游的融合为游客提供了感受乡村文化魅力的机会，如何合理运用乡村文化旅游资源，提升乡村旅游核心竞争力成为值得关注的议题。

一、乡村旅游产品开发的理论基础

（一）旅游体验理论

旅游体验，作为旅游界研究的重要内容。其内涵主要指通过旅游介体，旅游者与外部世界产生联系，引起其身心状态、心理结构的调试转变过程。在这个过程中，旅游者通常依托观赏、交往、消费和体验等活动形式来实现，进而与外部世界产生相互互动交流。谢彦君认为，体验是旅游的核心，旅游者通过在旅游的方式，让自己的身心和心理得到放松，自己的需求和感受得到满足，这是一个时间序列的过程。作为旅游休闲的主要产品形式，学者 Driver 和 Brown 认为，旅游开发规划的核心在于为旅游者设计独特的旅游体验。乡村体验式旅游就是其中的一种，它能让游客投入较长的时间，进行亲自参与、心灵体验与感悟，实现回归自然的心理需求的乡村旅游活动。因此，乡村体验式旅游产品设计，所要追求的终极目标就是要实现人与自然、文化与环境的和谐共生。

综合国内外学者的观点，旅游学家 Prentice 提炼出旅游体验的五种理论，其主要内容如下。

1. 体验标准理论

从心理学角度出发，确定旅游的"体验"标准，"舒畅"和"刺激"是心理学家认定的最佳体验标准，即给予合理得当的挑战性，让旅游个体沉浸其中，以至于随时间流逝而意识不到自己的存在。

2. 目标行为理论

基于行为理论、控制理论和标准化理念，体验旅游是一个有着特定目标的行为控制过程，这基于人的求知、审美等内部需求而产生。

3. 局内外人理论

在其理论中，前来参观的旅游者被视为局外人，而旅游区的居民被视为局内人，由于局外人对本地情况缺乏了解，对本地一些标志性事件的完整意思一无所知。而后，这个主要陈述观点转化成局内人和局外人可以通过跨越时空，形成一定的利益体。因此，旅游者要提前获取和了解旅游地的历史及相关旅游信息，做一个有洞察外界信息的局外人。

4. 体验类型理论

在旅游者的各种类型中，因旅游活动的不同，其需求也变得多元。于是，不同类型的旅游者，所追求的旅游体验也不同。因此，国外学者将体验旅游进行了类别划分，包括娱乐消遣、身心体验、逃逸放松、行为体验、生活存在五种类型。而这些类型也分别代表了恢复健康、寻求美感、逃离喧嚣等体验方式。

5. 体验等级理论

基于需求层次理论、旅游功能理论层面，对游客的旅游体验进行了划分，包括乐享自然、克服紧张、学习知识、价值认同和创造愉快五个方面。而这里的体验强度，呈现出一个逐渐加深的过程，五个方面是一个相互联系和相互互动的整体。

体验经济时代的到来，旅游者对于传统的服务内容和品味内涵感到不满足，加上人们的收入水平的提高和生活方式的进步，旅游者渴望得到层次更高、内容更多元的旅游需求。在这样的背景下，旅游产业作为文化性极强的经济产业，旅游目的地的竞争问题就凸显出来，而旅游产品在体验形式和内容的创新，就成了各地旅游从业者急需解决和改进的首要目标。基于旅游消费者所追求的探索、新奇、创意的体验需求，旅游产品开发在文化、生态、环境、景观、情感、娱乐、休闲等因子上就要进行组合和创新，为旅游者提供多方位的、多层次的、多种类的无形和有形的旅游服务来满足市场的需求。

（二）可持续发展理论

可持续发展既要照顾当代人的诉求，又要不对后代人诉求及其需要的能力构成危害的发展。可持续发展理论的形成也因此经历了相当长的历史研究过程，其理论的核心是人类社会的永续发展。在其理论研究中，主要针对发展过程中的经济、生态和社会的可持续发展，其本质在于"人与自然"关系的处理问题。可持续发展就是要人口、经济、社会、资源和环境的协调发展，如果被忽视了，造成的社会问题将会不断呈现出来，付出的代价也是惨重的。1995年，联合国教科文组织与世界旅游组织，共同颁布了《可持续旅游发展宪章》《可持续旅游发展行动计划》，旨在强调乡村旅游发展系统中经济、社会和生态等方面的和谐共生发展。

乡村旅游的迅猛发展，带动了乡村经济的快速发展，但往往带来巨大经济收入的同时是以牺牲环境等为代价换取的，这种极端的做法是不可取的。过度地开发，乡村旅游资源被破坏、生态环境进一步恶化，这种粗放发展的严重教训已比比皆是。因此，国家也相应出台了诸多文件，指出乡村旅游要在可持续发展思想的引领下，调整发展思路，保护好环境，促进经济、社会和生态的协同发展。在乡村旅游产品的开发中，要遵循可持续发展的理论规律，以保护乡村自然生态环境为基础，确保乡村旅游经济的可持续发展，让自然、生态及人文环境可以让后续子孙永续利用。

二、乡村旅游产品的开发原则

乡村旅游产品开发具体是指乡村旅游从业者根据不同旅游者的不同需求，在乡村空间环境中，对所在的旅游吸引物、旅游设施和旅游服务等进行开发设计、组合打造出全部有形和无形的服务。

乡村旅游产品开发需要遵循如下几点主要原则。

（一）注重市场导向原则

乡村旅游产品的开发营销，要以市场需求为导向，秉承以游客为中心的产品建设理念，把握好市场规律和发展趋势，适度超前，引导消费，推动区域旅游产业发展。唯有这样，旅游产品才具有吸引力，旅游产品才能最大限度满足游客的需求。

（二）注重可持续发展原则

在乡村旅游产品开发过程中，要遵循"保护为主，开发与保护相结合"的主要思路，科学操作，适度开发，永续利用。乡村旅游产品的原生态性优良，要在不破坏生态环境的前提下，结合生态美学等元素来设计、开发旅游产品，可以让乡村旅游资源得到永续保护和循环利用。

（三）注重乡村文化设计原则

旅游产业的灵魂在于其文化性，乡村文化元素是乡村旅游产品开发的首要原则。乡村旅游产品开发就要注重自然特色和山间野趣的结合，因地制宜，开发其旅游资源所映射出的美学和文化艺术价值，深挖其文化内涵和品位。

（四）注重参与体验原则

在乡村旅游产品开发中，要利用其自身的资源禀赋和特色优势，针对不同旅游需求的游客，进行旅游活动的体验设计，提升游客的体验和参与度，进而丰富游客的旅游感受。同时，聚焦于游客个性化、差异化的需求特点，增强旅游产品设计和功能的多样性，激发产品的多元且丰富的内容。

（五）注重特色品牌原则

在乡村旅游产品开发中，要树立以塑造旅游品牌为核心意识，依托乡村旅游资源特点和区位条件，以差异化建设旅游项目，以特色化延展发展潜力，以所在地乡土化规划旅游路线，以独具吸引力和特色塑造旅游形象，使得该地域成为乡村休闲度假名地。

（六）注重综合效益原则

在旅游产品的开发设计中，要做到开发、组合及设计上的综合效益最大化。因此，在旅游产品的开发全过程中，要注重区域的经济效益、生态效益和社会效益，确保地区经济、社会、环境效应和谐共生发展。

第六章　文旅融合背景下乡村旅游形象塑造与传播

　　旅游目的地形象对旅游者和潜在旅游者的旅游决策有着重要的影响作用。进行旅游形象绩效评估，有助于旅游目的地管理机构正确评价以往旅游形象设计和营销努力产生的成效，在与其他竞争性的旅游目的地形象的比较中发现问题，为进一步塑造理想的旅游目的地形象提供决策依据。因此，在乡村旅游形象设计中，对形象设计的评价也是重要的环节。乡村旅游形象塑造与传播是一项综合性很强的系统工程，包含形象分析、形象评价、形象塑造、形象传播等内容。乡村旅游形象塑造的目的和意义是通过树立良好的乡村旅游形象，进而吸引更多的游客。本章就对文旅融合背景下乡村旅游形象塑造与传播展开分析。

第一节　乡村旅游形象分析与塑造概述

一、乡村旅游形象的界定

国外学者 Baloglu 和 Mc Cleary 等认为乡村旅游形象的形成受到两方面因素的影响：个性因素（个性、文化、价值、动机）和刺激因素（信息源、先前经验）。①在个性因素中，旅游者的文化差异、人际关系等都会对乡村旅游形象感知产生极大影响；刺激因素中，信息源是影响乡村旅游形象形成的关键因素。有些研究学者还认为，乡村旅游形象是一个动态的过程，会随着时间的推移而改变，也有着季节性的波动。Fayeke 和 Crompton（1991）就是从动态的旅游前中后时间过程将乡村旅游形象形成过程分为原生阶段、引致阶段、符合阶段。国内学者同样也将乡村旅游形象的形成过程分为静态过程和动态过程。陈桦、吕兴洋等学者认为旅游感知距离、旅行社、互联网等都会对目的地乡村旅游形象产生影响。②也有学者认为，目的地乡村旅游形象会随着旅游周期的演化而演化。从供给侧方面上，研究学者从地方文脉、区域旅游、人文要素等方面对乡村旅游形象建构进行了探讨。吴必虎和宋治清等就探讨了乡村旅游形象分析和建构的技术程序③；李蕾蕾建构了 TDIS 模式，系统介绍了乡村旅游形象策划的理论与实践。④卜显红（2005）论述了旅游目的地形象对旅游者目的地选择及其购后行为的主要影响，并把"重游意

① Balogu S M K W.A mode of destination image formation[J].*Annals of Tourism Research*，1999，（4）.

② 陈晔，李天元，赵帆.目的地网络界面对旅游者体验及品牌形象的影响[J].旅游学刊，2014，（10）.

③ 吴必虎，宋治清.一种区域旅游形象分析的技术程序[J].经济地理，2001，（4）.

④ 李蕾蕾.旅游目的地形象策划：理论与实务[M].广州：广东出版社，2006.

向"与"愿意推荐该目的地"纳入行为变量，"感知质量"与"满意度"纳入评价变量，并以无锡市两个旅游目的地的实践性调查为基础，运用结构平等模式对"感知质量"与"满意度"之间的关系及"感知质量""满意度"与"行为意向"之间的关系进行了衡量。

二、乡村旅游目的地形象塑造

乡村旅游形象设计过程中即有形象校验和调整的环节，因此在乡村旅游发展中，科学、合理地对乡村旅游地形象进行评估，并适时地采取战略和方法，对形象系统进行调整（改进、修正或重新定位等）是十分必要的，将有助于了解前期设计过程和设计结果的合理性与实用性，并对下一阶段的旅游地发展提供整体决策支持和发展方向等。根据理论研究，在目的地营销和规划方面提出建议，以期对乡村旅游发展有所裨益。旅游目的地形象是基于游客认知和情感基础上产生的，不同游客会产生不同的情感，在此过程中表现出来的积极情绪则为地方依恋的基础，不同的认知和情感的积聚共同促进行为意向的形成。

（一）深挖怀旧体验，创新旅游业态

近几年来，怀旧作为一种社会现象引起了很大的关注，而乡村是中华文化之魂，乡村旅游的本质是回归与怀旧。怀旧旅游者追求的是目的地给其的熟悉感和亲切感，旅游资源只是承载其回忆与情感的媒介。从某种程度来说，游客所产生的怀旧不仅仅是自身需求的刺激，还取决于目的地怀旧元素的呈现方式和深度。吸引游客去重温记忆、寄托乡愁和体验怀旧恰恰是乡村原真性的最佳体现方式。

目前，乡村旅游地的升级转型急需从浅层次的观光到深层次的体验和互动，保留乡村原始的生产方式和风俗习惯，让游客体验日出而作、日落而息的生活方式，深度挖掘怀旧元素，创新旅游体验项目，打造乡愁品牌，为游

客带来直击灵魂的年代感。乡村旅游地应构建多元的怀旧体验，应在建筑、饮食、旅游产品和细节上做到全方位怀旧元素的渗透。

1. 精心策划，突出王牌优势

注重细节打造，提炼乡村文化的符号。乡村古朴的原生态建筑，是其最大的吸引力。外观上的古朴，让游客产生年代感。但缺乏对细节的掌控，应增加细节处的怀旧感，突出王牌优势，如在屋内添置具有年代特征的物件，增加真实性和视觉感。通过标识牌、围墙、垃圾桶和坐凳等不同展现方式来营造怀旧氛围，使游客在旅途中被怀旧之风萦绕。

同时，需要增加互动体验，让游客切实的回归田园生活。例如，在田间增加铁耙和耕犁，让到访的游客体验"晨兴理荒秽，带月荷锄归"的农耕生活；开展织竹篮、酿土酒、磨豆腐、蒸花馍等亲子活动，静中添动。

2. 融合乡村特色，创新住宿形式

乡村住宿形式一般是客栈、农家小院。民宿作为怀旧住宿的一种载体，有其存在的特殊含义，承载着游客的怀旧情怀，这种情怀是一种对童年记忆以及原生态生活的向往。民宿应体现乡村旅游地乡村性的特色，融入当地文化，让游客身在其中，更深地领悟乡土精髓。

3. 打造商业街区，开发旅游产品

目前，一些乡村缺乏特色文创产品，随着文旅不断融合，应该开发不同类别的旅游产品，形成规模化和正规化。打造带有怀旧元素和当地文化特色的纪念品，与游客达成情感共鸣，促进消费，如做复古明信片、照片、书包或挂饰。

（二）提升认知形象，塑造品牌形象

旅游目的地形象是对区域内的旅游资源进行的高度概括，不仅表现在当地的特色上，而且应该给游客遐想空间，最大限度地激发潜在旅游者的出游欲望，塑造品牌形象，切勿让游客"乘兴而来败兴而归"。

1. 完善旅游服务

乡村原生态和现代化的不可调和性，导致乡村旅游基础设施的落后，但完善的服务是良好认知的前提。

乡村旅游地应努力实现村落免费 WIFI、电子讲解、智能导游和微信推送的全覆盖，推动智能服务的应用。乡村旅游地没有上线智能服务在一定的程度上保持了村落的原真性，但电子讲解的入驻并不影响其整体古朴风格，反而能够加深游客对乡村旅游地的有形认知，满足不同层次游客的需求，这也是现代旅游存在的意义。

2. 细分游客市场

不同年龄的认知程度不同，一些乡村旅游地缺乏儿童娱乐项目，使得对低年龄游客的吸引力有限。很多游客都是家庭游，周边游最大的价值在于可以在有限的时间内带给家人最佳的愉悦感。所以，乡村旅游地应该细分游客市场，抓准不同年龄段的兴趣点，在主线不变的前提下开展多样的活动。

3. 善于推陈出新

认知形象是有形认知，不同年龄段的地方依恋感不同，中老年人对该乡村旅游地的依恋程度远远高于青少年，一方面是游客对乡村的原始情感，另一方面也反映了乡村旅游地活动形式的单一化，应善于利用"网红产品"，开展多样的文化活动，增加目的地的互动和娱乐性。

（三）满足情感需求，强化地方依恋

在快节奏和高压力的现代生活下，物质生活的极大丰富势必会导致精神世界的缺失，此时游客对于目的地的选择更多倾向于可以为其精神带来享受。情感的满足逐渐成为旅游的首要目的，情感形象和地方依恋作为中介变量，对游客行为意向的形成起到了很大的推动作用。应该关注情感认同，在细节处与游客达成共鸣，塑造独特的情感体验，强化游客的地方依恋感。

1. 扩展古村文化，文旅深度融合

文化是情感的土壤，共同的文化催生情感的联结。应该建立文化体验，将文化寄予到具体的事物之上，发扬和传承文化。例如，一些地方的农耕文化，通过建立农耕研学基地，既让文化代代相传，也让新一代儿童寓娱于学，将文旅深度融合。

2. 关注情感认同，还原乡村生活

乡村旅游的最大目的就是远离城市繁华，寻求乡村生活的宁静。家家户户炊烟四起，摆起农家饭，说着方言，欢声笑语构成乡村生活中的温暖元素，温暖和快乐最能直击心灵柔软，从而建立地方依恋，因此为农村建设注入人情味，是其标新立异的关键。

（四）拓宽营销渠道，提升游客意愿

当前，一些乡村旅游地的营销方式主要依靠口碑和广告。21 世纪以来互联网成为营销的主要平台，要充分挖掘互联网企业，深度推广，打造自己的核心竞争力。

1. 多种营销方式并存，线上线下双管齐下

不仅要依靠网络平台的宣传，线下也要有自己的宣传途径。作为以"古"为亮点的目的地，老年群体成为必不可少的游客群体。而其不一定对网络有很大的依赖感，这就需要与纸质媒体进行合作，以文化活动为核心展开一系列活动宣传。

2. 整合各项资源，开辟新的营销渠道

现如今大多数游客选择目的地主要是依托网络平台，在线旅游平台为游客提供信息获取、产品预订、线路推荐等多项的服务，因此乡村旅游地在今后的营销方式上应充分利用互联网、抖音、快手等新兴的宣传模式，持续为潜在用户提供全方位的视觉感受，提高游客到访率。

第二节 乡村旅游意象元素的实证分析

旅游意象是一个人对目的地拥有的信任、想法和印象的总和。这种对旅游地各要素产生的印象总和，主要的旅游地特征是旅游者心目中的意象和感受。国内对于旅游意象的解读有旅游目的地形象或者旅游形象、旅游意象、旅游目的地意象、旅游地印象等。旅游摄影照片可以反映出旅游者的意象。摄影与旅游两者之间密不可分，摄影作为资本主义社会的产物，早在19世纪40年代开始就伴随着旅游活动的产生进行了更加深入的发展。旅游者在进行旅游活动的过程中，会随机对他们所需要的元素进行拍摄，这些元素以"点"的形式出现的摄影照片之中，成为旅游者的凝视点。这些凝视点的背后其实真实地表达了他们对旅游目的地的观点和认知。随着现在网络及移动互联网终端的普及，现在更多的旅游者更多的是以摄影和文字的视角来侧面展示旅游者的旅游意象，而这些"意象"则会通过网络这个平台分享和传播给更多潜在的旅游者，对旅游目的地会产生非常深远的影响。

一、理论基础和研究方法

（一）理论基础

1.旅游意象

"意象"是从英文单词image翻译过来的。美国科罗拉多州立大学的 Hunt J.教授在"*Image：Fator of Tourism*"中对旅游意象做了最初的定义，之后Gun、Crompton教授对旅游意象同样做出界定，意象理论开始进入了旅游研究的范围。国内关于旅游意象的概念大多数都是借鉴国外一些理论并结合我国实际特点来进行研究的。image通常被解释为"形象、意象、印象"等。

我国国内对旅游意象的研究起步比较晚。曹小曙（2000）对城市的旅游意象进行分析，指出城市意象是旅游者在游览过程中对城市环境、市民素质、民俗民风和服务态度的综合认知印象。

2. 旅游凝视

在福柯的"医学凝视"概念基础上首次提出的"游客凝视"理论，凝视是个"实体化"的过程，把无形的东西将它建设成一种清晰且可见的课题。基于这个理论，约翰·尤里1990年出版了《*The tourist gaze*》，迅速广泛应用于旅游等领域的研究。国内在这方面研究较多，刘丹萍对尤里的作品做出深刻探讨研读之后，认为旅游凝视是旅游者将旅游动机、需求、行为融合并具体化的一种作用力。崔红红、叶如瑾也通过该理论对旅游目的地形象进行了研究。

3. 旅游摄影

摄影从20世纪开始就与旅游形成了密不可分的关系。旅游摄影伴随着旅游活动的产生也得到了更加深入的发展，Chalfen将照相机视为旅游者身份的象征。摄影将旅游凝视更加具体化，摄影照片记录着旅游者内心真实的旅游意象以及凝视点，将摄影照片内容拆分，可以形成很多个"符号"，这些"符号"能够真实的反映出旅游者无意中所拍摄的照片真实的内心写照，以及其在拍摄时的心理状态。刘丹萍、保继刚在回顾西方相关研究中表示旅游者拍摄照片是为了完成自我叙述与自我认同。

（二）研究方法

内容分析法是一种对于传播内容进行客观、系统和定量的描述的研究方法，其实质是对传播内容所蕴含的信息进行分析，有表征的图文推断出准确有意义的过程，内容分析的过程是层层推理的过程。通常内容分析法常被用作于文字分析法之中，但同样也可以适用于图片之中，图片也同样可以作为一种文本。在本篇研究中，内容分析法主要用于乌镇官方的照片以及旅游者摄影照片的分析，通过对图片内容进行分析，来探讨乌镇官方宣传照片与旅游者摄影图片之间的异同。

二、浙江嘉兴乌镇案例分析

（一）数据采集与处理

本次研究基于对乌镇旅游照片的研究。互联网照片的收集是本次研究主要的资料样本来源。官方照片的收集主要来自浙江乌镇旅游官方网站，而旅游者拍摄的照片主要选取于目前国内较大的旅游互助平台——马蜂窝，选取来自关于乌镇游记中的照片。样本收集时间主要是2017年12月至2018年3月。官方网站选取典型照片，马蜂窝则是在23331篇游记中，选取点击量较多的游记中的照片520张，因马蜂窝一直在实时更新，所以收集速度较为缓慢。

将收集的旅游者拍摄的照片以及乌镇旅游官方的照片，以质性分析软件NVivo11.0为工具，将图片进行分析操作，首先新增项目，将照片导入建立原始资料库对其进行整理（图6-1），之后建立相应节点（图6-2）。

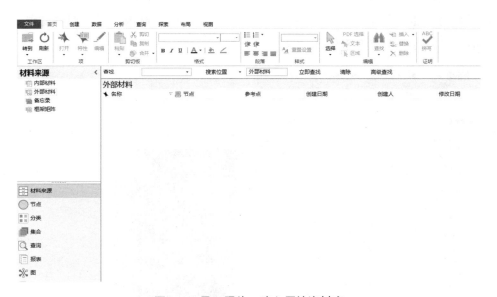

图6-1 导入照片，建立原始资料库

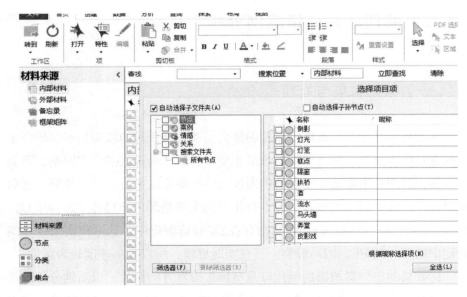

图6-2　建立节点

　　提取照片中所展现出来的元素并进行颜色归类划分，划分之后对其进行编码后建立节点分析（图6-3）。分析结果将从旅游凝视元素、照片滤镜、摄影时间等多个方面来展开。

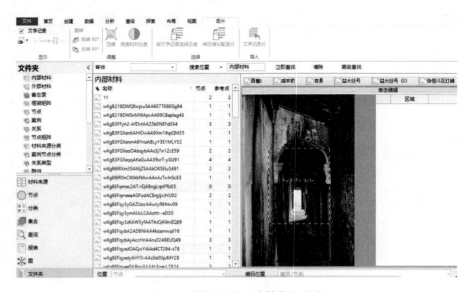

图6-3　提取照片元素按颜色归类

（二）分析结果

1. 旅游者拍摄照片结果分析

（1）照片内容分析

在旅游互助平台马蜂窝上选取的旅游者拍摄的照片为主要的研究对象，并对这些照片进行节点选取，并绘制了图6-4频数汇总图。

从图6-4可以看出，旅游者在乌镇的旅游凝视点主要是在乌镇传统的长廊、乌篷船、屋顶、戏剧、青石板路等元素。这些凝视点元素均为传统古镇所具备的特色，但其中不乏有一些乌镇特有的元素，比如印花染布、乌镇邮局、茅盾故居、乌米饭这些元素。说明旅游者来到乌镇，更是倾向于乌镇的特色之处，而这些特别的凝视元素更能激发他们的偏好和意向。在细节方面，旅游者更是关注房屋上的窗户、房屋及拱桥的倒影。同时，也可以看出，旅游者对于乌镇的旅游产品也是比较关注的，如白酒、乌米饭、印花染布、糕点。但是旅游者的凝视点主要还是集中于传统元素上面。可以看出，旅游者来到乌镇还是喜欢古镇特有的江南水乡、小桥流水的特色风情。

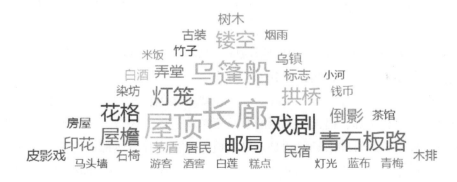

图6-4　元素频率汇总

（2）照片摄影手法分析

对于选取的520张照片，主要从背景虚化、滤镜这两个方面进行归类。制作图6-5。

构图	滤镜修饰	背景虚化	无修饰
照片数量	135	56	329
百分比	26%	12%	62%

数据来源：作者绘制

图6-5　乌镇游记照片摄影手法分析图

从图6-5可以看出，在选取的520张照片之中，有329张照片都是无修饰的照片，占了其中的62%，无修饰的照片相对来说要比通过滤镜修饰和背景虚化的照片要多一些，通过滤镜修饰和背景虚化的照片分别占26%和12%。由此可以看出，许多游客都是将未修饰的照片直接上传到游记中，缺少一些摄影方面的专业知识。但是，也有一部分游客会在意自己游记整体的效果，而对照片进行文字的添加、背景及滤镜的稍加修饰。说明，旅游者已经对旅游摄影产生意识，这样能够对乌镇景区的宣传起到更加促进的效果。

（3）照片摄影时间分析

从选取的520张照片中，区分夜晚和白天拍摄的照片，其中有308张白天拍摄的照片，另外夜晚拍摄的照片为212张。虽然白天所拍摄的照片占大多数，但是夜晚拍摄的照片也不少，可以看出，大多数的旅游者来到乌镇，选择的是两日游。

为了更好的并直观地反映摄影时间，从两篇不同的游记中选取了旅游者拍摄的白莲塔的照片，图6-6与图6-7如下。

依照这两张图片来看，夜晚的照片主要以暖色黄光为主，整张照片显得非常的柔和和寂静，白天所拍摄的照片不单单是塔，还带上了湖水、亭子和树木，整张照片看起来显示的是一种生机。两张照片虽然都采用偏向构图的手法，但是夜晚的图片显得更加的专业，整体的构图以及上面树枝的勾勒，显得更加协调。而白天的照片拍摄角度略显倾斜，应该是普通游客所拍摄的照片，专业上有所欠缺，但是也展现了乌镇的风貌风情。

（4）总结

通过对旅游者拍摄的照片凝视点分析之后，得出以下乌镇的感知意象图。

图6-6　夜晚的白莲塔

（资料来源：http://www.mafengwo.cn/i/1164632.html）

图6-7　白天的白莲塔

（资料来源：http://www.mafengwo.cn/i/8878766.html）

从图6-8中我们可以看到，旅游者对乌镇的感知意象主要体现在景色风情、人文特色、延伸产品这三个方面。在景色风情中，旅游者主要关注自然风光（流水、树木、烟雨）、建筑风貌（屋顶、屋檐、石拱桥、乌镇邮局），生活设施主要关注石椅、镂空花格窗、木排门。在人文特色中，主要关注民俗风情（居民、戏剧、茅盾故居）。在延伸产品中，主要关注的是旅游纪念品（印花伞、印蓝布）、食品（乌米饭、青团、白酒、糕点、青梅）。

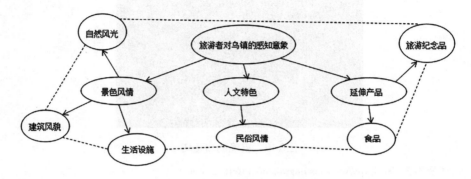

图6-8　游客对乌镇的感知意象图

（资料来源：作者绘制）

旅游者在游览过程所拍摄的照片带有一定的主观色彩，在来到一个全新的环境之中，旅游者会对周围事物感到好奇，同时就会发现一些平时看不到的东西，将这些元素拍到照片之中，尤其是具有地方特色的元素。古镇所展示的无非是小桥流水人家，但旅游者照片反映出来的除了这些之外，更多的是乌镇独有的，从照片中可以发现旅游者凝聚的焦点所在。

2. 官方照片结果分析

（1）官方照片的内容分析

主要选取了乌镇旅游官方网站中照片一栏中的505张照片，进行分类，如图6-9。

构图	自然风光	建筑风貌	生活设施	民俗风情	旅游纪念品	食品
照片数量	237	208	28	26	3	2
百分比	47%	41%	6%	5%	0.5%	0.5%

数据来源：作者绘制

图6-9　官方照片内容分析图

从图6-9中可以看出，乌镇旅游官方网站所展示的照片，主要是自然风光以及建筑风貌，侧重点在于传统的景色以及其特点的人文景点景区。然而，对于当地居民及一些旅游特色纪念品、食品的宣传较少，几乎很难看到。

（2）官方照片专业分析

官方照片所展示出来的照片无论是光线、构图、聚焦等多方面来看，效果都出自于专业摄影师之手。他们所拍摄的风景建筑照片更多的是干净、简单，没有多余的居民。在光线方面，他们注重明暗度对比，使照片更加具有饱和度，也会通过后期的一些调色，使整张照片看起来更具饱满。在构图方面，通常采用不对称构图。拍摄的对象处于画面的一边，表现出来的是平实和自然感，而动态构图则能为照片增加一条穿透平面的纵深轴线，产生第三度空间印象，从而带来动感和方向。在聚焦方面，摄影师采用摄影技术上的小景深把背景虚化，使画面上的主要对象异常突出，突出拍摄的内容。

（3）总结

官方照片主要是景区、政府用来宣传乌镇的一种手段，这些照片主要出自专业摄影师之手，他们所拍摄的照片具有较高的审美质量，这种高质量的照片，很容易导致旅游者的心理落差，从而对景区的宣传带来不利的影响。所以，这些照片不能经过过多的修饰。

3. 旅游者拍摄照片与官方照片对比分析

为直观清晰进行对比，选取了旅游者的一篇游记中所展示的乌镇邮局的照片和一张官方网站上乌镇邮局的宣传照片，如图6-10与图6-11。

首先，旅游者所拍摄的图6-10，色调偏冷色调，整体构图不够居中，建筑的主体产生了倾斜。可以看出旅游者不具备专业的拍照技术。拍摄角度采用正面拍摄，整体建筑显得特别的庄重。旅游者所拍摄的照片受到时间、人物、环境的设置，很容易看出旅游者在拍摄的时候，有游客误闯入照片。而且，在大部分游记之中，旅游者只热衷于对有明显字样标识的建筑进行拍摄，而忽略了建筑内部的一些构造。

其次，官方宣传所展示的图6-11，色调偏暖黄系，拍摄时间应该是在夕阳落山之时。拍摄角度主要采用的是侧面拍摄，重在拍摄乌镇邮局的全景，看的出拍摄者的专业性较强。但从照片中的两位人物也可以看出，为了拍摄更好的宣传照片，进行了专人摆拍。

最后旅游者拍摄的照片是2018年，很明显地看出，照片中左侧有一个信筒，而官网所展示的照片则没有。这可以看出，官网的照片应该有段时间没有进行更新和替换，这应该是景区管理中需要注意的一部分。

图6-10 旅游者拍摄的乌镇邮局

（资料来源：http://www.mafengwo.cn/i/8729450.html）

通过以上对旅游者拍摄的照片以及对官方宣传的照片分析，官方并没有很好地了解到旅游者的心理需求以及旅游凝视。不难看出，旅游者同样倾向于对人文特色及延伸产品的喜爱，旅游者所拍摄出来的照片恰恰说明了这一点。随着现代网络的发展，照片的传播速度已经非常之快，照片营销其实成本低、方便又快捷，尤其是通过网络互助平台所传递出来的照片更加的真实有效，这些是直接展现在移动终端背后的潜在旅游者面前的。官方若想要真正地达到宣传旅游景区的效果的话，就需要从旅游者的角度来考虑问题，以他们的视角，发现他们所关注的焦点，即旅游凝视点。

图6-11　官网上的乌镇邮局

（资料来源：http：//www.wuzhen.com.cn/cn/tupian.aspx?cid=89）

131

（三）启示

1. 旅游照片交互平台作用于旅游者的分享体验

一直以来，旅游业都在国民经济中占据着非常重要的位置，随着时代的变化，互联网也更加深入旅游这个行业。结合时代的发展，旅游景区为了能够达到更好的宣传效果，需要借助互联网这个广大的平台。对于潜在旅游者，他们相比较景区官方网站来说，更乐忠于浏览其他旅游者的游记，从而了解他们内心对景区真实的想法。马蜂窝这个旅游互动平台的出现，可以为乌镇景区提供免费的宣传，借助旅游者游记，以及互联网的传播快、范围广的特点，深入到广大网民之中，给更多潜在的旅游者以视觉的冲击，从而让他们产生旅游动机。旅游照片成为一种"旅游广告"，旅游照片便会从原先的意象传播要素转变为一种"市场营销素材"，为某个景点做宣传，是旅游者用户的一种衍生产品。

2. 提升优化旅游意象的旅游吸引力

针对以上研究，从旅游者所拍摄的照片之中可以反映出他们所关注的重点，包括人物风景、民俗特色、小镇风貌等多个方面。首先，景区了解旅游者的意象，了解他们对这个景区的感受。其次，针对他们的感知，采取相对应的政策，如旅游照片所反映出旅游者凝视的焦点主要在于长廊、乌篷船、屋顶这些传统的古镇特色上面，景区所相对的要聘请专业的人员对这些独有的小桥流水人家进行维护，同时对乌镇当地的居民给予一定的支持，宣扬这种保持传统的古镇风貌的意识。除此之外，针对乌镇独有的特色，如印花蓝布、油纸伞、戏剧、青梅等，这些极其能激发旅游者偏好的事物进行重点的宣传。同时，古镇的神韵只有融入居民的生活气息才能更加具有韵味和风味，像这种特色的事物，可以带入体验式的方式，让游客亲自来感受，如让旅游者亲自制作印花蓝布，了解传统制作工艺；体验戏曲，感受传统的戏曲文化和精粹；亲自采摘青梅，感受采摘之乐趣。最明显且最典型的就是拍摄的刘若英乌镇旅游宣传片《心的乌镇，未曾离开》。融入古镇传统风貌加上乌镇独有的风情，利用明星效应等多种手段，更加能提升旅游者对乌镇的旅游意象。

3. 基于web2.0时代下旅游意象的乌镇传播宣传新举措

旅游目的地管理机构所展示的照片都是由他们所控制的，但是现在在web2.0时代下，这些控制权不光是在这些旅游管理机构手上，更多的是分散在这些数据终端背后的旅游网站、旅游互动平台以及个人的手上。这些照片虽然不具备盈利模式，但是影响着旅游者的意象以及旅游者的决策行为。大部分旅游者所拍摄的照片都在无意识的带动潜在旅游者，提升旅游景区的形象塑造。

旅游景区需重点开发与改善自身的官方网站。旅游景区应该认识到旅游互动平台的重要性，学习其优点，建设互动游记板块，让旅游者自主发表图片和文字，不仅可以增加网站的点击量，同时还可以达到景区宣传的效果。同时，在官方网站设置评论专区，进入网站查询的每一位潜在旅游者都可以得到专业的回答。

旅游景区需要注重与旅游互动平台及社交媒体的合作。现在微博、微信、facebook、Twitter等自媒体平台的出现，大大有利于信息的传播以及数字营销。旅游景区可以与其签订协议，在其平台上设置链接，并且可以关联其好友。现在许多微博博主在网络上具备一定的粉丝和人气，旅游景区可以让他们帮忙转发一些景区的资料和照片，以达到宣传效果。同时，旅游景区可以拍摄符合旅游者需求的照片以及宣传视频。比起文字营销，图片与视频更加具有视觉冲击。旅游者根据这些照片和视频来获得他们对旅游目的地的感知，旅游景区可以结合新媒体平台进行宣传和推广。

（四）结论与讨论

第一，从照片的内容来看。官方照片与旅游者拍摄的照片存在一定的差异。官方照片偏向于人文风情，而旅游者所拍摄的照片则更多地体现在乌镇传统的古镇风貌，同时也关注乌镇特色之处。应该说乌镇的房屋屋顶、乌篷船、戏剧等传统化的元素更容易成为"符号"，形成旅游者的意象。可以看得出来景区与旅游者虽然在关注的方面有共同点，但仍旧不够一致。

第二，从照片拍摄的时间来看，官方网站上面对四季的乌镇照片进行了上传，希望旅游者能够更好地了解乌镇的风貌。但是，很明显的没有对官网上宣传的照片做出及时的更新。在上文分析处作出了比较。在众多旅游者拍摄的照片中有许多白天和夜晚的照片，夜晚的照片所展示出来的灯光效果非常的漂亮，可以看出大多数旅游者停留在乌镇的时间至少在两天左右，也更加愿意在乌镇住宿一晚。景区可以加大对乌镇夜景的建设，可以试图用灯光、灯笼等一些元素成为旅游者消费的元素，同时这样可以增加景区的人流量。

第三，从照片的表现手法来看，官方的照片具有一定的专业性，从构图、元素、角度、色彩等多个方面，想要展现乌镇这个江南水乡的形象，满足旅游者对乌镇的想象。旅游者拍摄的照片虽然并没有那么完美，照片拍摄技术差异较大，但是仍有许多旅游人喜欢添加滤镜、添加一些文字，更加与专业的照片贴近。

旅游景区需要从网络互动平台以旅游者的视角来了解其旅游动机，采取有效措施，形成多元化的宣传传播途径。本篇文章基于照片内容分析法，虽然数据上存在一定的局限性，不是很完整，比如说数据仅来源于马蜂窝和官方旅游网站，但仍然丰富了数据的来源，以全新的视角来分析旅游者对旅游目的地的意象，为研究提供了一定的理论基础。

第三节　文旅融合背景下乡村旅游形象传播

一、乡村旅游形象传播形式

（一）标识传播

乡村旅游形象标识一般是以旅游地的社会环境、文化背景为基础，对旅游地的景观资源、民风民情加以提炼，用精简的话语、符号和图片展现旅游地的特点和优势，主要功能是突出乡村旅游形象特征，形成旅游品牌，吸引游客做出旅游决策，包括乡村旅游形象口号、LOGO、吉祥物等。乡村旅游形象标识要凸显地方独特性，要简单明了、通俗易懂、便于记忆，也要具有一定艺术性，让人心驰神往。

例如，海南推出的旅游形象口号是"阳光海南 度假天堂"，凸显了海南旅游资源特色，以阳光和度假为主题，同时也体现了海南的热情，但很多人仅将阳光理解为一个名词，也简洁明了。此形象口号曾对海南旅游形象传播发挥重要作用，但形象口号应与时俱进，紧跟受众需求。旅游形象口号以海南形象口号"美好新海南"为统筹，应充分体现海南的"新"与"变"，深化海南旅游形象内涵。海南旅游形象LOGO色彩斑斓，以拼音"HAINAN"为主体结构，元素包含海南旅游资源，极具识别性。通过将旅游形象 LOGO 印在宣传册、宣传片等，提升辨识度，将 LOGO 作为凝聚海南旅游形象的载体之一。海南旅游形象吉祥物波波椰及波波椰表情包具有代表性，另外还有城市卡通形象如海口市"阿美""阿兰"，万宁市"万万""宁宁"，三亚市的"欧椰""欧嗨"等，重要节庆活动形象如海南岛欢乐节的"欢欢"和"乐乐"、海南国际旅游岛购物节的"海狗"。但在吉祥物的推广和宣传力度上不足，在旅游形象传播中作用有限，因此将"波波椰"作为海南旅游形象传播符号的潜力还有待挖掘。

（二）推介传播

乡村旅游形象推介传播的主体是旅游主管单位和相关政府，一方面他们牵头组织对国外旅游推介活动，与各地旅游单位合作开展旅游推介会、参加旅游博览会、组织旅游会展，向旅游经销商、旅游地潜在受众推荐乡村旅游资源、签证政策、出入境手续、开拓航线、旅游特色、基础设施等。另一方面推出乡村旅游形象大使传播乡村旅游形象。

例如，2003 年，三亚成为第 53 届世界小姐总决赛举办城市，共举办了8届世界小姐总决赛，参赛佳丽们赛程期间在海南开展的巡游活动对传播海南旅游形象发挥重要作用。某种意义上来说，参赛人员充当了海南旅游形象大使。海南曾举办《第一美差》海南国际旅游岛形象大使评选活动，推介海南旅游形象。2019 年，海南省旅游和文化广电体育厅邀请吴牧野作为海南旅游文化国际形象推广大使，推广海南旅游形象。

（三）形象宣传片

乡村旅游形象宣传片是以旅游地具体景观、文化、风土人情为主的艺术创作，也是乡村旅游形象传播的主要形式之一。例如，海南省及各市县都推出过旅游形象宣传片，内容丰富，涵盖了海南景点、美食、生活方式等方面。除此之外，还有旅游广告、旅游微纪录片等各种形式的旅游解说、旅游宣传短讯。宣传片有大量航拍镜头，画面磅礴美观，以旅游景点和自然资源为主，对乡村旅游形象进行了全面的展示。

二、乡村旅游形象传播的优化

优化旅游形象传播策略是研究的最终落脚点，在对乡村旅游形象现状和实证研究分析的基础上，灵活运用形象传播策略。

（一）多角度定位，实现旅游形象品牌升级

著名营销专家菲利普·科特勒认为："品牌是一个名称、术语、标记、符号或图案，或是它们的相互组合，用以识别某个消费者或某群消费者的产品或服务，并使之与竞争对手的产品或服务相区别"。品牌形象是旅游地品牌化的一个重要组成部分，是旅游者记忆中存有的联系所反映的对一个地方的感知，也是旅游目的地发展相当重要的一个因素。

1. 着力打造乡村旅游主题形象

乡村旅游主题丰富多彩，滨海度假、探险体验、体育赛事、乡村休闲、

康体养生、家庭亲子、旅游美食、文化艺术、科普研学、民俗节庆十大主题中，目前，最为受众所熟知的是度假主题。从旅游者需求角度来说，旅游者出行追求远离喧嚣、放松心情，休闲度假不仅可以住在旅游度假区，还可以选择休闲舒适的乡村旅游点，体验乡村生活、享受静谧氛围、感受自然之美。从乡村旅游资源来说，近年来，一些地方发展全域旅游和乡村旅游，依托独特气候和自然条件，乡村旅游硕果累累，受众凭借优势资源认知对乡村旅游认可度较高，因此定位品牌形象时，将乡村旅游作为一个亮点融入品牌定位中，为旅游形象增光添彩。江西婺源以"中国最美的乡村——婺源"为形象定位，优越气候资源是前提，完备的旅游基础设施为基础，促进婺源旅游发展。各大卫视打造的乡村生活节目，为乡村休闲旅游营造浓郁的社会氛围，搭乘乡村游热，因此乡村旅游地应迅速树立乡村旅游形象，打造旅游品牌形象，丰富特色旅游资源形象。

2. 深度挖掘文化内涵

文化是旅游的灵魂。乡村旅游地应该重视文化和旅游之间紧密的联系，在部门整合基础上，促进文化产业和旅游产业的共同发展和融合，并推动文化和旅游一体化发展。建构和传播良好旅游形象要探索目标明确的文化和旅游区域协同发展模式和路径，加强文化协同、组织协同和战略协同，保护文化空间和文化资源的整体性、延续性和特色型，形成协同互助的传播态势。

例如，海南强势的自然资源优势一度弱化了其文化资源，黎苗文化、东坡文化、军坡公期文化以及体现海南资源的浪漫的"天涯"文化和展现人民生活方式的"慢"文化都是海南别具一格的特色文化。厦门鼓浪屿旅游形象避开雷同的自然资源形象，赋予其文化底蕴，对外旅游形象侧重于文化传播，通过"钢琴之岛""万国建筑博览会"增强鼓浪屿文化厚度。第一，挖掘开发历史文化资源，增强旅游形象文化内涵。将文化符号抽象化，添加于旅游形象符号设计中，同时，在东坡文化、黎苗文化和南洋文化等的开发利用上应多下功夫，内外合力传播。第二，开发海南现代文化，传播海南精神。海南旅游形象宣传片内容以现有资源展示为主，缺乏"人"元素，将天涯文化和慢文化贯穿于形象传播，应注重传播居民生活方式和生活观念，增强旅游者感受力和亲切感。"天涯"代表豁达，是一种人生态度，也是一种生活态度。"慢"文化体现享受，既休闲幽静又轻松愉快。加大文体赛事传播。在体育旅游和开展各种赛事方面有着得天独厚的优势，也拥有举办众多国际性赛事的良好基础及丰富经验，全国山地自行车冠军赛、海南国际马拉松赛、环海南岛国际大帆船赛、环海南岛国际公路自行车赛、中国海南万宁国际冲浪节、沃尔沃环球帆船赛等，提高赛事知名度，有助于海南旅游形象传播。一方面顺应体育旅游融合发展模式，沙滩运动、水上运动为契机传播旅游，通过赛事效应辐射旅游效应。另一方面以体育赛事精神和内涵为诱发点，增强海南旅游体验感和有趣性，通过切身体验和感受提升游客感知度和满意度，丰富海南旅游内涵。

3. 升级旅游形象品牌

第一，旅游形象主口号与依附于主口号的分口号设计。旅游形象宣传要在主口号的统筹下，延展分口号和其他主题旅游形象宣传语设计。

第二，以"打卡式"地标制造新鲜感。著名景区景点常常被视为旅游人群打卡地，名人、达人和大 V 们出现过的地点常常会成为游人们乐于前往的地方，地标式打卡地可以是造型奇特的建筑，可以是好玩的游乐场所，也可以是具有新奇感的拍照地。

（二）优化传播途径，改善传播效果

1. 重视口碑传播效应

旅游形象口碑传播者主要由现实游客、当地居民、旅游达人和利益相关者等构成。

首先，积极发挥网络意见领袖作用。与传统意见领袖相比，大众传播时代意见领袖是指"较早接触大量大众媒体信息，因人格魅力而拥有较高的威望和影响力的人"，由他们将信息再加工后通过人际传播传递给更大范围的受众，并产生影响。网络意见领袖更具广泛性和号召力，在网络上拥有强大的话语权，他们拥有大量粉丝团体，很多事件和信息通过他们传播将会有广泛影响和热度，包括旅游爱好者、旅游达人和职业旅行家等。在旅游形象传播过程中，要主动与影响力大、实力强的旅游爱好者和旅游达人群体采取合作，通过为他们提供素材采集、免费出游机会、支付报酬等形式，有计划、有组织地进行形象素材的采编和发布，凭借网络意见领袖粉丝基数扩大传播影响力和效果。

其次，运用名人效应。一些地方节庆活动众多，如政治类博鳌亚洲论坛、国际电影节、音乐节、明星演唱会和湖南卫视跨年晚会，每场活动都会有知名人物、著名影星、歌星来琼参加活动，他们自带流量，因此传播力度大、传播效果强。可以邀请来琼名人作为乡村旅游形象公益大使，参与乡村旅游形象主题传播，分享感受，或邀请他们通过自媒体平台发布乡村旅游形象传播口号。不仅为名人创造了公益机会，也提高了乡村旅游形象知名度和可见度。

最后，网络口碑效应中，来过乡村旅游的现实旅游者是不可忽视的因素，实现二次传播。他们通过网络平台分享旅游体验和感受，受众对他们的游记和分享可信度高，但他们的传播具有自主性、情绪化和难以控制性，同时也受旅游者个体特征限制，每个人对相同旅游行程具有不同感知。可以通过线上互动活动进行转发，拉近与旅游者之间距离，刺激产生更多网络口碑正向传播内容。与线下友好的服务相互配合，形成恰到好处的口碑内容，达到良好的口碑传播效果。具体可通过转发游客微博、微视频、赠送纪念品、设置游客拍照留念场景、制作手机 H5 页面，便于旅游者在社交平台等上传播。

2. 整合旅游形象传播渠道和手段

整合营销传播是将多个因素组成的一个整体形象向消费者展示的一个完整过程，既满足了工作需求，平衡了各相关者之间的利益关系，还建立了良好的合作共赢模式。整合营销传播、整合传播渠道和传播手段，将相关资源集合起来进行最优分配，减少资源分散，聚合资源能量，使得资源应用效率最大化。

首先，要树立整合营销传播理念。一方面，理念是行动的指导，任何事情的实施理念必先行。旅游行业竞争愈演愈烈，关键在于形象传播的博弈，怎样在信息流中占得优势地位，需要将区域内优势资源凝聚起来，打出强势组合拳。另一方面，建立一个全面系统的整合机构，促进各相关机构良好沟通，不仅要争取各方利益的最大化，还要保证其合理高效运行，通过整合机构了解旅游者信息、旅游者客源地、旅游者消费结构，了解旅游者需求，建立与旅游者之间良好的关系。

其次，整合传播渠道。受众细分化导致媒介细分，每一类型传播渠道皆有自己的受众，如何能够覆盖式的传播旅游形象信息。第一，运用传统媒体的深度和精度，向电视台投放旅游宣传片和旅游纪录片，通过策划专题报道进行形象传播，传播具备专业性和广泛性的内容。第二，发挥新媒体优势，注册入驻短视频平台，如抖音、微视等，制作形式多样、内容精良、感受亲切的短视频，进行一手视频信息的发布和引导，通过点赞和留言等功能与用户形成互动，在大型节事活动期间与平台知名账号联合推广，通过官方的主动发布，屏蔽负面信息。第三，在海外旅游联络点设置VR体验中心，通过新技术，内嵌丰富内容，视频宣传片、图片、文字、语音、动画等，使用户感受"身临其境，触手可及"。最后，要注重地面媒介传播功能，发挥地面媒介渗透式传播作用，如城市内外公共交通设施、城市地标性建筑物、便捷物质载体（纪念品、明信片）等。

3. 抓好传播时机

重大事件、节庆活动是旅游地旅游形象展现的最佳时段。一些乡村若能抓住良机，展现和推广乡村旅游形象，可取得事半功倍之效果。通过重要事件、节庆活动、体育盛事、娱乐演出、重要庆典等可将旅游形象编程可视、可听、有形、有声、有色的具象事务。如青岛"啤酒节"、G20国际会议助推了当地旅游形象建设，提升国内外旅游形象，为目的地进一步传播知名度提供了机遇。活动筹备期，是本地媒体借势传播的好时机，通过会前准备工作，一方面可以蹭重大节事活动热度，从各个侧面展现丰富的旅游资源、旅游基础设施情况和当地人民精神面貌及热情好客。例如，博鳌亚洲论坛是海南名片之一，知名度和影响力大，应充分利用论坛活动筹备期间宣传活动。另一方面，举办节庆活动是加速基础建设的催化剂，以节庆活动为目标建设的基础设施在活动结束后依旧可以投入使用，加快了基础设施建设步伐。将论坛带来的海南变化作为传播重点，突出海南"变好"的要素。会议期间，将节事与本地特色相结合，发挥带动作用。一方面，挖掘典型性资源、代表性人物和事件，链接形象内容和故事，以点带面发挥撒网式传播效果。另一方面，会议结束后的升华报道极其重要，搭乘事件热度和余温，进行总结性传播和构建形象新元素，为节庆活动中的形象传播画上一个圆满的句号。

（三）拓展传播主体，注重发挥"人"的作用

1. 强化居民和旅游管理者形象

强化居民旅游形象的传播意识。居民形象既是旅游形象中重要的、不可忽视的要素之一，也是地方形象的重要组成部分，居民的地方性和热情好客直接影响旅游者对旅游形象的满意度。激发本地居民自觉性，树立他们的主人翁意识，发挥他们在旅游形象传播中的作用。游客在旅行中必定会与本地居民有很多接触，从他们处获得相关旅游信息，因此他们的言行会使游客对旅游形象的认知产生很大影响。提升当地居民形象。好客是旅游者评判旅游地形象的重要价值观，甚至被认为是一种极具诱惑力的旅游资源。旅游形象好坏与居民形象有一定关系。如"好客山东"展现了山东人民热情好客的居民形象，大大提升了山东旅游形象。香港曾多次举办各种活动宣传好客形象，诸如"香港关心你"礼貌活动，使人们对香港视觉形象上升为综合的感知形象。一方面可以将旅游形象纳入社区组织活动道德教育等活动中，传播居民形象的重要性和形象提升方式，强化居民东道主热情好客形象。另一方面大力提高居民和村民的素质，实施"人人是旅游资源，旅游资源靠大家"的意识教育。对游客做到热情大方、微笑待人、义务咨询等，使游客感受到居民素质和民风，提升旅游地形象。

旅游管理者在旅游开发、旅游运营、旅游形象传播和旅游监管等方面发挥举足轻重的作用，在旅游形象宣传中强化其形象，给游客营造安全、放心的旅游环境。一方面旅游管理者应发挥自身的职能优势，对旅游地服务质量严加把关，规范整个旅游服务市场，以求提高乡村旅游形象。另一方面，相关管理部门还可制定并完善旅游信息反馈机制，建立起旅游管理机构和旅游者的交流平台，从游客反馈中及时发现旅游服务中存在的一些问题，并及时

做出处理，避免类似事情再次发生。同时，旅游管理者可以通过与旅游者交流，获知游客心理需求，从而为旅游项目研发提供参考，通过反馈制度的落实，使乡村旅游形象更具亲和力。

2. 培养旅游从业人员形象传播意识和服务意识

从业人员范围宽广，分为一般性接待服务和旅游服务人员。航空、车船、酒店、餐饮购物商场等企业服务人员是属一般性接待服务，旅游者对他们服务态度和体验优劣直接关系到感知旅游形象的好坏。相关服务企业应该做好公司职工职业道德培训和职业规范培训，提升业务水平和能力，增强大局意识，为传播良好的旅游形象做出贡献。

旅游企业形象设计要与旅游目的地形象相一致，成为旅游形象的组成部分。旅游从业者相比一般性接待服务人员，带给游客更强烈的感受，旅游者对他们的期望比其他服务人员更好，因此，旅游从业人员需要树立传播意识，认识到自身服务形象对整体旅游形象的重要性，增强服务意识，规范旅游服务，严格按照景区景点制定的服务细则学习和参加培训。景区对工作人员的素质要求和培训学习要格外重视，举行定期考核和评比，增强旅游形象传播意识和服务意识，赢取旅游形象人员传播的"最后一公里"。

3. 增强旅游志愿服务体系

旅游志愿者体系是旅游形象服务行为的重要组成部分，既能提升旅游管理者形象，又能改善旅游服务形象。丽江在旅游高峰期组织旅游志愿者提供咨询、引导和组织服务，为旅游者答疑解惑，使得旅游者在遇到问题时可以及时解决，化解疑惑和不安，提升旅游服务形象。乡村旅游形象建设过程中，可以组织志愿者在游客集散地和旅游景区景点人流量集中的景点组织游客有秩序开展游览活动，维护景区形象，提升旅游满意度。建构完善的志愿者服务体系，面向国内外招募志愿者，为志愿者提供旅游优惠活动和相关服务，形成一套完整的运营体系。在构建过程中，旅游协会充分发挥组织优势，为乡村旅游形象的建构、维护、传播出谋出力。

（四）重视旅游管理，修炼形象宣传"内功"

1. 形象危机预警与处理

完善旅游形象危机预警机制和信息沟通网络，为传播旅游形象保驾护航。"青岛天价虾""强制游客消费""雪乡宰客"等，旅游危机事件对目的地旅游形象带来了不同程度的影响。旅游地要制定多套危机预警机制，当旅游危机事件发生时，及时启动预警机制，发布权威讯息，占领舆论主动权，及时发布事件处理动态，以最快的速度消除公众猜疑，坚持快速、及时、准确处理事件。畅通"游客—投诉处理机构—旅游区—当事人"保证突发事件能够及时得到反馈和处理，尽可能将危机事件影响缩减到最小。

建立危机处理措施细则，组建危机处理队伍。当危机事件发生时，部署专门小组和人员进行及时处理，完善紧急新闻发布机制，确定新闻发言人，及时发布信息进展和处理情况，用诚恳负责的态度维护整理局势，避免不实信息和流言误导公众了解事实真相。针对有损游客的事件，要勇于承担，并对游客给予物质和精神补偿，妥善危机事件，进行舆论监督，控制负面影响带来的不良影响。

2. 树立竞争意识

随着人们生活水平的提升，旅游市场竞争愈发激烈。

例如，泰国气候资源与海南相似，岛屿资源丰富，国内旅游者常常将海南旅游与泰国旅游作为二选一产品，作为出国游，泰国旅游产品与海南旅游产品不相上下。海南应树立竞争意识，实地调研旅游资源和旅游市场，知己知彼方可及时调整传播策略，争取旅游市场份额，赢得旅游形象满意度和忠诚度。避免旅游形象屏蔽，凸显本地旅游形象。海南应树立具有本地特色的旅游形象，突出形象遮蔽，寻找具有自身特色的旅游形象，选择竞合模式，与广西北海、广州湛江等旅游地进行互利共赢合作。争取将旅游形象范围扩大，与内陆旅游地形成一个更大的旅游形象圈，从地域层面拓展旅游形象，更有利于突出海南特色。

3. 加强旅游市场监管

旅游市场规范与否关乎旅游形象的关键，出现旅游危机事件的根本原因是旅游市场秩序不规范。很多突发事件的发生是由于市场混乱和监管不力导致，如"黑导""黑车拉客"等。乡村旅游应加强当地居民拉客购门票的管理，规范旅游市场，通过规范市场美化乡村旅游形象。

旅游市场价格混乱是导致危机事件发生的根本原因，也是评判旅游管理者执法有力与否的要素之一，更是关乎旅游形象满意度和美誉度的关键。海南旅游消费过高，严重超乎心理预判，一是海南海鲜市场混乱带来的负面影响，后遗症延续至今，二是海南部分旅游市场较为混乱，同一商品价格差异大，甚至存在价格差异偏见和歧视，旅游商品和日用品存在旅游者和本地人两个定价的局面，大大削减了旅游者的被认同感，为海南旅游形象传播带来了极大的负面影响，不利于口碑传播效应和旅游者重游意愿。因此，要加强旅游市场监管，尤其是加大价格监管。

第七章 文旅融合背景下乡村旅游市场的开拓

在推进文旅融合的过程中，乡村旅游发展打破传统的思维定式，一是找准产业结合点，从供需两端发力，做足"地域文化＋旅游""农业文化＋旅游""民俗文化＋旅游"文章，创新乡村生态、社会、文化空间体验场景、创造了新价值，打造有独特竞争力的文旅融合产业链群，开拓新的增长点和发展极；二是努力做大做强跨界交互、叠加衍生促成业态创新，拓展创新美食、民宿和夜游等传统业态，推进红色旅游、亲子游、非遗旅游等已有融合业态提质升级，推广研学、康养、婚庆等个性小众新业态，文旅融合促使乡村旅游产业产品人气旺、点赞多、效益好。本章主要针对文旅融合背景下乡村旅游市场的开拓展开研究。

第一节　乡村旅游市场结构

一、乡村旅游市场结构的界定

市场结构指的是产业中的企业市场关系的特征与形式，是对市场竞争程度及价格形成等产生战略性影响的市场组织特征。一般来说，市场结构中有以下四种市场关系：卖方（企业）之间的关系、买方（企业或消费者）之间的关系、买卖双方的关系、市场内现有买（卖）方与正在进入或可能进入该市场的买（卖）方之间的关系。简单来说，市场结构是指买方和卖方等各市场主体之间的力量对比关系，市场结构反映市场中的竞争与垄断关系，是买方和卖方等各市场主体之间的力量对比关系及达到某种均衡状态的特征。

乡村旅游市场结构是乡村旅游业供需主体间的力量对比关系，狭义的乡村旅游市场结构是指乡村旅游产品供给和需求之间的数量与比例关系，即乡村旅游地产品供给与客源地需求之间的比例关系。乡村旅游市场结构分析的重点在于剖析乡村旅游供给结构、需求结构及旅游供需之间的均衡与协同问题，这也是本研究的核心问题。但是，乡村旅游业的供需主体不仅限于旅游企业与旅游者的二元结构，结合乡村旅游业的特殊性，乡村旅游市场结构中有以下几类主体构成。

（1）乡村旅游企业：乡村旅游企业是乡村旅游业的核心供给主体，乡村旅游企业不仅承担整合乡村资源及三大产业要素以形成特定的旅游产品供给的关键作用，还需有效联结所在地社会经济组织、社区居民及位于城市的旅游市场群体以形成相对固定的组织形态和运营模式，以市场化经营和实现各类效益为目标。

（2）乡村旅游者：乡村旅游者是乡村旅游业的需求主体，乡村旅游市场具有区域性、稳定性及增长性，本地城市居民是乡村旅游业的主要需求群体。

（3）政府及管理部门：一是提供公共服务产品，完善乡村旅游地道路、水电、通信等基础设施，联结供给和需求。二是参与组建乡村旅游企业，进行乡村旅游投资、开发及经营。

（4）行业协会及其他中介组织：乡村旅游企业具有小弱化和零散性特征，乡村旅游市场分布具有广泛性和多层次性，中介及平台型组织整合行业力量，实施行业内部管理和对外整体营销推介，也为旅游者提供信息服务，增强供给主体与消费市场的互动。

二、乡村旅游市场结构的理论基础

（一）供需关系与乡村旅游市场结构

市场经济活动平稳进行的内驱动力是供给和需求，供给和需求也是市场结构研究内容的关键。供求关系（supply-demand relationship）指的是供给与需求在商品经济条件下相互联系、相互影响的关系，两者之间的关系就是生产与消费之间的关系在市场经济中的反映。针对一种物品，影响其需求量的因素有很多，如自身价格、替代产品价格、购买者喜好、购买者的人数及其经济水平、时代潮流等。影响其供给量的因素包括商品价格、生产要素成本、技术创新、生产者预期、市场规模、国家政策等。

市场结构研究的主要内容是乡村旅游供给、需求及力量对比。综合性与复杂性是影响乡村旅游供给因素的主要特征。乡村旅游供给的决定性因素是乡村要素与旅游资源，而乡村旅游业所呈现的乡村旅游产品种类和质量则是由乡村旅游资源的质量和种类决定；乡村旅游供给水平由于受生产主体与经营方式不同的影响而具有差异化，在进行乡村旅游供给研究之前需要对乡村旅游供给水平及其影响因素进行解构。稳定性、增长性、经济性、高频率等是乡村旅游需求的特点，交通、互联网技术等基础设施的更新升级推进了乡村旅游产品的供给发展，人们对乡村旅游产品的需求不断增加，需求结构范围日益扩大。因此，加快促进乡村旅游供给结构优化的关键在于对乡村旅游的需求特征与需求结构的深入了解。乡村旅游市场结构的升级受乡村旅游供需结构矛盾影响。通过观察下图7-1可以直观地看到供需水平的差异情况。

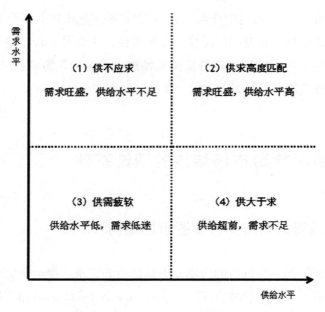

图7-1　供需水平的差异与匹配[①]

其中，供不应求区域当前面临供给水平匮乏局面，应当增加供给产能；供需疲软区域的供给水平、需求均有待提升；供大于求区域应当对供需结构进行合理优化与调整，着力解决需求不足的难题。就乡村旅游业来说，供需结构矛盾主要体现在下述方面。

其一，旅游产品主要以观光类产品为主，休闲、度假产品比较匮乏，消费方面主要倾向于基本消费，如食宿等，延伸消费需求较低。

① 丛明光.威海市文登区乡村旅游市场结构及优化配置分析[D].烟台：烟台大学，2020.

其二，公共服务能力有待强化，产品品质有待进一步提高。就旅游体验产品与旅游服务来说，它们本身蕴藏着典型的无形性与不可储存性特征，因此重视供需适配，既是带动乡村旅游业发展、提高经济效益的重要支撑保障，也是优化调整市场结构的关键。

（二）产品生命周期与乡村旅游市场结构

"生命周期"最早应用于生物学，指的是生物从出现到发展直至消亡的过程。如果将它应用于旅游范畴，即旅游地的整个兴衰过程，它就是旅游地的生命周期。1963 年，克里斯·泰勒（Walter Christaller）最早提出了旅游地生命周期的一般性概念，即旅游地有发现、成长、衰落的一般演变规律。1980 年，巴特勒（R. W. Butler）基于商品销售的产品生命周期理论（PLC 理论）模型对旅游地进行了系统阐述，介绍了地域内旅游产品的生命周期演化，由此得出，该地域旅游产业的发展变化与地域内经济、社会和环境之间的演变关系。

当旅游产品经过开发设计以及市场配置后，就开始进入市场阶段，在不同阶段里面，其对市场的需求变化将会给出不同的响应和效应。当旅游产品被旅游者正式购买后，旅游产品的市场生命周期就开始了。在其生命周期内，旅游产品的销售、市场竞争力就会产生周期性的变化，旅游产品生命周期的大致动态过程就是如此，可以称为明显的阶段性。不同的旅游产品，其生命周期模型也是有差别的。一般来讲，旅游产品的生命周期有这样四个相互连续的阶段，即介绍期、成长期、成熟期和衰退期。

在实际生活中，受旅游地自身发展效益、政府政策、消费者行为等诸多因素影响，旅游产品的生命周期曲线形状也会呈现出各种变异。因此，其理论研究的意义在于对旅游产品发展的趋势把握，为旅游产品营销方式提供指导，这也是旅游地进行旅游营销、市场开拓、产品设计等研究的重要指导依据。乡村旅游业在萌芽、成长、成熟各阶段所体现的发展特征有所不同。市场结构演变速度与乡村旅游业发展速度成正比，同时供需结构调整的频率加快。产出增长率、投入增长率、投入产出效果、需求收入弹性等是产业生命周期的识别指标。同时，产业生命周期受社会分工、技术创新与市场需求、产业性质等因素影响。影响产业生命周期的根本因素是社会分工，而技术创新、市场需求、产业性质则是影响产业生命周期的主要因素。

　　乡村旅游发展的过程经历萌芽、成长、进化三个阶段，逐渐向成熟、完善、高级及协调演进，具体表现为出现规模并不断壮大、产品和服务类别增加，技术创新投入所占比重增大，产业结构进一步优化。步入成熟期，产品需要进行结构调整和创新升级，产品更替的频率与产业发展速度成正比。步入成熟期和衰退期，管理者应更加主动的注重结构调整，在这个阶段以市场机制为基础，结合政府政策，推进产业的结构与区位调整、资源整合、技术升级。

（三）竞争优势与乡村旅游市场结构

　　产业具备高级生产要素、国内需求条件、相关支持产业的情况由产业竞争力决定。产业竞争力受企业战略与产业市场、企业规划与国家政策、供给与需求的驱动作用。正如波特所认为，影响产业竞争力最关键、最根本的要素包括生产要素、需求条件、相关和支持性产业、企业战略、企业结构和同业竞争，共同构成"钻石体系"，如图7-2所示。

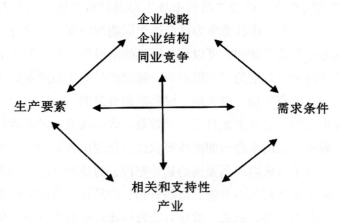

图7-2　产业竞争优势的"钻石结构模型"[①]

---

① 丛明光.威海市文登区乡村旅游市场结构及优化配置分析[D].烟台：烟台大学，2020.

企业竞争优势与四个关键因素密切相关：首先是生产要素，泛指产品在生产过程中需要的自然、人力资源等投入。值得强调的是，生产要素囊括初级与高级两种，其中，先天具备是前者的主要特征，而后者源于长期投资或者是培育。当代背景下，高级生产要素变得尤为重要，这是提高竞争优势的支撑保障。其次是需求条件，泛指本国市场的需求，如产品需求、服务需求。市场规模以及性质在一定程度上决定了产业的生产规模以及效率，同时能够对企业的产品优化、服务创新起到推动作用，它是产业长期稳序健康发展的驱动力。所以，产业在发展过程中应当及时捕捉市场动态，根据市场需求来对产品或者服务进行有针对性地优化和提升，依托多样化的营销手段，创造并激发消费需求。然后是相关和支持性产业，它与主导产业存在密切联系。其中，前者指在技术、服务以及营销路径方面存在部分共用共享的产业。而后者通常指上游企业，有助于主导产业根据市场需求及时做出调整，降低成本并强化竞争优势。最后是企业战略、企业结构与同业竞争，泛指基于特定环境下，企业为生存与发展落地实施的企业战略，以及同行实力等。所谓产业竞争优势，可视作不同差异条件的合理组合。优化乡村旅游市场结构的初衷是强化竞争优势。在此期间，生产要素以及需求条件是最关键的。其中，前者既是旅游开发的重要前提，也是供给完成闭环的支撑与保障，如基础设施等。因此，重视并以生产要素为切入点，完成指标体系的构建，由此得出乡村旅游供给水平的相关数值，进而实现对生产要素规模与质量的细化。以需求条件为切入点，深层次全方位地分析乡村旅游的需求特征，有效优化供需结构，进而摸索出科学有效的产业竞争优势提升之路。

第二节　乡村旅游产品与价格策略

一、乡村旅游产品策略

（一）旅游产品组合策略

旅游产品组合策略即旅游企业根据自身的经济实力满足目标市场的需求，对旅游产品组合的广度、深度和关联度做出的决策。旅游产品组合策略是旅游产品策略的核心部分，它由扩大旅游产品组合策略、减少旅游产品组合策略和旅游产品线现代化策略三种策略组成，如图7-3所示。

扩大旅游产品组合策略就是旅游企业通过增加旅游产品组合的广度或加深旅游产品组合的深度，增加产品线和产品项，扩大经营范围，来满足不同旅游者的需求，增强旅游企业的应变能力和竞争能力，提高经济效益。扩大旅游产品组合策略又包括垂直多样化策略、相关系列多样化策略和无关联多样化策略。

缩减旅游产品组合策略指旅游企业通过缩减旅游产品线或旅游产品线中的旅游产品项目，集中力量生产或经营一个或少数几个市场需求较大、能为企业获取较高利润的旅游产品，实行专业化经营。

旅游产品线现代化策略是将现代科学技术与新的服务理念用于生产经营过程中，不断改进产品线，使其符合现代顾客需求的发展趋势与潮流。这一策略主要是对生产方式的改善。

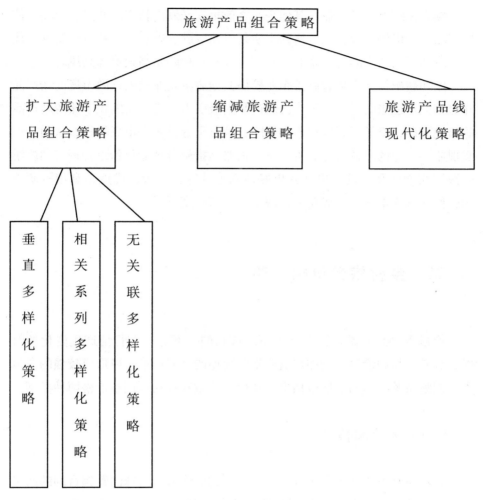

图7-3 旅游产品组合策略

（二）旅游新产品开发策略

旅游企业要想实现长期良性发展，就必须要不断开发旅游新产品。旅游新产品的开发没有一成不变的成功模式，旅游企业需要根据所处的市场环境、企业目标和企业资源来采取不同的新产品开发策略。

领先策略指旅游企业在其他企业之前抢先开发出新产品并投放市场，使新产品处于优势地位。该策略的本质是以速取胜、以攻取胜和以奇制胜。优点是成功开发新产品将为企业带来巨大收益；缺陷是高投资和高风险。

跟随超越策略意味着旅游企业模仿其他旅游企业投入旅游市场的新产品并对其进行适当改进，增强自己新产品的吸引力。优点是缩短了旅游新产品的研发周期，降低了开发成本和风险；缺点是容易丧失市场先机，从而难以实现旅游企业的经营目标。资源重组策略是指旅游企业重新组合现有的旅游资源以实现产品的性能更新并更好地满足游客的需求。优点是利用资源重构，低开发成本达到高成功率；缺陷是创新程度不足。

二、乡村旅游价格策略

价格策略是旅游营销策略中不可或缺的一部分，在行情产生变化的时候，旅游产品的价格必须加快适应不断变换的市场环境，以形成较强的竞争力。调整旅游产品的价格包括主动地价格调整和被动地调整价格两种类型。

（一）主动调整价格

企业在具备成本领先优势、生产能力过剩或者有特殊的营销目的的情况下会主动降低产品价格，以适应市场变化。相反，在产品成本提高、旅游产品供不应求或为实现某些特定营销目的的情况下，企业一般会主动提高价格。

（二）被动调整价格

公司的被动价格调整主要目的是为了响应竞争对手的定价策略。在被动价格调整过程中，公司必须及时正确地应对竞争对手的价格变化，还要做出合理的决定。沿相同方向跟进，当竞争对手提高价格时，我们本身的价格也要上涨；而当竞争对手把价格降低时，其本身的价格也要随之降低。

反向调整。在竞争对手对产品价格调整之后，公司会朝相反的方向相应地调整价格，与竞争对手拉大差距，以此彰显自身独特的产品和良好的企业形象。

保持原价不变。价格的上下调整会对销量产生影响。如果价格上涨，销量也就会减少，市场份额也会有所下降，这样价格上涨也不会增加利润；价格如果下跌，销量上升幅度不大，毛利润没有按计划增加，所以许多公司选择静观其变。选择非价格竞争策略，在竞争对手降低价格的时候，公司要采取措施来提升产品的质量，加大产品产量，建立品牌并扩大销售网络等非价格手段进行调整。

旅游产品价格策略如图7-4所示。

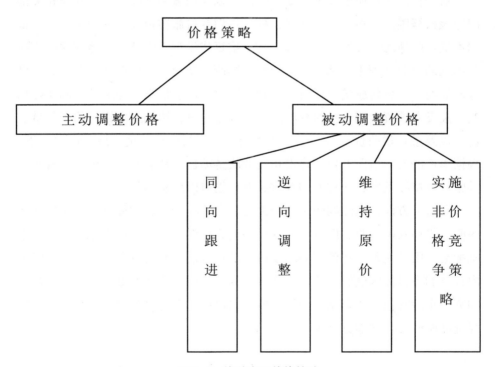

图7-4　旅游产品价格策略

第三节　文旅融合背景下做好乡村旅游的宣传

一、科学规划乡村旅游市场发展

对于传统乡村旅游发展中缺乏统筹规划与部署的问题，地方政府相关部门应该根据国家乡村振兴的战略，科学规划乡村旅游市场发展相关策略，根据本地实际情况，开发特色资源，防止重复建设与无序竞争，地方政府应该与本地的农业、国土、林业等部门沟通协调，制定出体现本地特色、具有良好发展前景的乡村旅游市场发展规划。同时，还应该根据相关地区的实际情况，拨发专项资金用于乡村旅游的基础设施建设，协调地方银行给予信贷支持，以及进行税收优惠等。一个地方的不同乡村应该在地方政府的引导下，根据本地的实际情况开发与建设相关的旅游项目，从而有效推动乡村旅游的健康与可持续发展，让政府的乡村旅游规划可以落实到位。

在这一方面，浙江湖州市政府走在了全国前列，其主要是结合发展乡村旅游、带动农民增收、促进美丽乡村建设为目标，致力于建成生态优良、设施配套、服务完善、特色鲜明的乡村旅游示范区，努力将湖州乡村打造成国内首选的乡村休闲度假目的地，在政府的统一引导和多方参与下，因地制宜和突出本地特色，统筹城乡一体发展，以保护生态与可持续发展为原则，重视发展旅游文化与地方品牌。

二、重点开发乡村特色旅游项目

不同地区在发展乡村旅游的过程中，必须充分运用和体现本地的自然景观与特色文化，才能够让游客更好地感受本地独特的自然景观与人文风情，让游客记住这个地方。乡村应该重视科学的规划，加强水电网、道路、公厕、污水处理、垃圾分类等基础设施的建设，提供完善的配套旅游服务，不断优化业态的旅游产品布局，重点开发乡村特色旅游项目。

以浙江湖州推进乡村旅游发展为例。该地区在加强基础设施建设的基础上，又建立健全了乡村旅游游客服务中心体系，如将旅游景点门票销售放在各大网络平台销售，完善游客咨询服务，开发了古村文化、休闲娱乐、体育健身、赏花品尝、采摘果实、农家休闲垂钓、乡土风俗体验等多个特色项目，利用本地的山水自然景观，打造了一大批乡村旅游示范区，如莫干山国际乡村旅游、安吉大竹海乡村旅游、下渚湖乡村旅游、移沿山乡村旅游、水口茶乡乡村旅游等。其他地区也应该根据本地特色，开发山水人家、乡村驿站、生态渔庄、休闲农庄等，形成观光和餐饮为基础、民俗体验为枝干、休闲度假为重点的特色乡村旅游项目。

三、创新市场经营发展相关理念

更好地发展乡村旅游市场，必须突破传统乡村旅游市场经营的理念，创新市场经营发展相关理念，形成以社会需求为核心、以游客的消费需求为营销基础的理念，根据本地存在的问题和实际情况，做出正确的规划部署，更好地落实更加科学的市场经营发展相关理念。对于这方面，乡村旅游经营应该从加强品牌建设与营销、提高旅游要素品质两大方面入手：在品牌营销方面，应该构建一大批具有地方特色的乡村旅游品牌，如开发农业观光游、采摘体验、乡村美食游、民俗文化体验等特色品牌；在提高旅游要素品质方面，主要是结合旅游的"吃、住、行、游、购、娱"六大要素，让乡村旅游向着特色、标准、规划方向发展。

全国各地的很多乡村都通过各种方式，创新市场经营发展相关理念，形成了独具特色的乡村旅游品牌，如江苏华西村的"天下第一村"品牌，安徽小岗村的"中国改革第一村"的品牌，湖南十八洞村的"精准扶贫示范村"的品牌，浙江余村的"绿水青山就是金山银山"的品牌等。其他地区可以根据本地的发展特色，努力打造乡村旅游品牌。在提高旅游要素品质方面，各地乡村应该挖掘本地特色饮食文化，推出具有地方特色的菜品，并提升住宿品质和游玩体验，这样在修炼好内功的基础上，才能吸引更多的游客，建立良好的市场口碑。

四、与时俱进创新市场营销方式

（一）品牌营销

品牌营销是指在目标市场中以实现品牌所追求的目标而进行的营销活动，关键内容和运作流程有品牌的建立、运用及维护。旅游产品基本上是服务产品。根据服务产品的特点，旅游品牌营销的主要内容可以用图7-5予以概括。

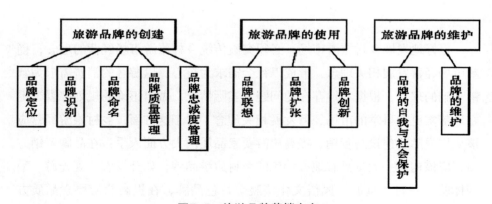

图7-5　旅游品牌营销内容

1. 旅游品牌的创建

（1）旅游品牌定位

旅游品牌定位是品牌创办的根本，也是成功进行品牌经营的前提。旅游品牌定位通过对旅游品牌形象和价值的描述，使消费者能够正确的理解并认识某品牌与其他品牌之间不同的特点，简而言之，这是一个差异化内容在消费者心目中占据一定位置的过程。

（2）旅游品牌命名与识别设计

旅游品牌的名称可以细化为以下几点：卖点、价值、心理、品味。旅游品牌的命名要考虑符合以下几项准则：富有美感、易读易记、彰显个性、唤醒联想。可以选用的方法有：以产品蕴含的意义命名，以品牌的文字特点命名，以姓氏人名命名，根据实体命名，根据各地名称命名，并以改创组合新词命名。

产品、意义、企业、传播构成了旅游品牌的识别，在设计旅游品牌识别的过程中，需遵守以下标准：简单明了，要抓住重点；想法新颖，展现出与众不同的一面；赋予意义并注入情感；避免相似性，独创性地运用巧妙的心思；符合法律法规的规则，按照当地的生活风俗习惯。

（3）旅游品牌的质量管理

旅游品牌质量管理是以旅游品牌质量为管理对象，通过质量系统中的质量策划、质量操控、质量保障和质量提升等手段来确认质量方针、目标和职责，从而实施所有管理职能的特定活动。旅游品牌的质量含有旅游产品本身质量和旅游品牌质量带给消费者的感受。其中旅游产品质量是品牌质量的根本，而消费者对品牌质量的感知实际上扩大了品牌质量。

2. 旅游品牌的使用

（1）旅游品牌的联想

旅游品牌联想意味着当消费者提到某一影响力较大的品牌时，就会产生一系列联想。旅游品牌联想包括理性联想和感性联想，大部分反映的是品牌的利益点，能满足消费者的消费需求并推动消费者形成购买行为。旅游公司通过创建品牌故事、塑造灵魂人物、与知名消费者建立品牌联想，以及采取其他策略来实现消费者的联想。

（2）旅游品牌的扩张

旅游品牌扩张是指扩大旅游品牌产品的市场范围，即通过旅游品牌在产品上的扩张来提升品牌对市场的影响力，并通过扩展品牌来使其放大、增值。品牌扩张将帮助企业充分利用原始品牌，为业务运营开拓市场领域，并提高整体品牌系统的投资效益。

（3）旅游品牌的创新

经济的飞速发展离不开创新，创新通常靠技术、管理和制度来实现。不管采用何种形式的创新，都可以帮助企业提高劳动生产率和资产运营效率。当然旅游品牌的技术创新和产品创新也是旅游品牌创新的核心。

3. 旅游品牌的维护

（1）旅游品牌的自我与社会保护

首先，企业必须注重通过运用法律手段保护自身利益，积极申请专利，注册产品商标，使用防伪技术，向消费者宣传普及商品比较、鉴别方法，维护自身品牌的商标和产品，通过以上方式都可以实现自我保护。其次，保护旅游品牌不单是企业自身的任务，它更是一个全面的社会制度项目，与社会的参与密不可分，离不开法律、政府、社会团体、舆论媒体和消费者等多方的参与和保护。

（2）旅游品牌的维护

要想保持良好的旅游品牌，在动态环境下，要保持好品牌、消费者、竞争品牌以及媒体之间的关系。旅游品牌维护的根本要点是：品牌的发展在以市场为中心的基础上，不断调整优化品牌，以迎合消费者不断变化的需求与喜好。同时，在市场经济环境下，企业必须保持良好信誉。即使暂时提高了运营成本，也要维护企业品牌的良好信誉，只有这样才可以保持品牌的长久魅力。

（二）体验营销

1. 体验营销内涵

体验营销是体验经济下的一种新兴产物，其更加注重维护企业与游客之间的关系，使游客感受到美好的体验，成为体验经济条件下企业新的追逐目标。体验营销是指企业通过从感官、情感、思考、行动和关联诸方面设计营销理念，将产品或服务作为道具，激发并满足顾客各种体验需求，以达到企业目标的一种营销方式。

这一定义体现了体验营销的管理过程，即设计理念、策划道具、激发需求、完成目标。针对消费者需求日益多样性和差异化的客观事实，互动和体验的需求得到更多游客的青睐，传统的营销方式已严重滞后于游客的需求，因而体验性营销吸引了越来越多的消费者。不断满足游客的体验和需求是体验营销的根本利益出发点。

2. 体验营销特点

（1）个性化服务

追逐个性化已成为游客主要的需求。体验营销就是以游客为首位，以游客需求为平台，通过向游客提供个性化甚至是量身打造的服务产品，来满足游客个性化需求欲望。

（2）引导感性消费

游客的消费行为很大程度上受感性因素支配。体验营销注重对游客在感官、情感上进行引导，充分考虑游客的情感需要，在"晓之以理"的基础上"动之以情"，为游客提供特色化、差异化的服务，满足游客体验需求的同时引导游客感性消费。

（三）网络营销

1. 网络营销概念

在数字经济背景下，网络营销已经成为一种新的营销理念和营销模式，随之也使乡村旅游的营销模式发生了重大变革。简而言之，网络营销就是以互联网作为销售平台而达到销售目标的一种实施手段。除了搜索引擎注册外，常用的互联网营销方法还包括关键词搜索、在线广告、交换链接、信息发布、个性化营销、会员制营销、百科问答、博客营销、微博营销等，当然也包括病毒性营销、网络口碑营销、邮件列表、无线营销等。

2. 网络营销特征

网络营销是一种投入少、收效显著的新型营销模式，正在受到各行各业的重视，传输速度快、经济、不受时空限制等优点使网络营销在营销模式中的优势日益凸显。

（1）节约成本

与传统营销方式相比，网络营销可以节省打印、存储和运输成本，所有产品信息都可以在网络上直接更新，大大降低了营销成本。

（2）消费者变主动

传统营销模式中，企业一般是主动的，消费者被动地接受企业传递的各种产品信息。在网络营销中，消费者针对感兴趣的产品信息，会主动联系企业并进一步有效沟通，大大提高了交易的成功率。

（3）建立交谈式对话

网络营销中，客户可以通过在线联系方式与公司建立对话，向公司提出问题，公司也可以快速对客户做出回应，以此挖掘新的潜在客户，并建立公司和品牌的忠诚度。

（4）提高效率、把握时机

网络营销是以秒来作为效率衡量单位的，消费者的诉求需要在几秒钟之内得到答案，因此企业需要建立 24 小时响应策略，以此满足消费者各种诉求，通过高效率营销来有效提高成交率。

第八章　乡村旅游基础设施条件的改善

　　健全良好的基础设施和旅游设施是满足游客"食、宿、行、游、购、娱"的基本条件，补齐农村长期以来在基础设施、公共服务、人居环境等方面的短板，从而改变乡村面貌、改善农民生活环境，也是实施乡村建设行动最重要的原因。但就目前乡村旅游发展的现状来说，乡村旅游设施还存在不完善的地方，这对于乡村旅游发展非常不利。因此，本章就对文旅融合背景下的乡村基础设施和旅游设施条件的改善进行研究。

第一节　乡村旅游基础设施建设的内容和要求

　　乡村旅游基础设施不够完善，会直接影响旅游者旅游感受。一是乡村旅游基础设施不完善直接影响旅游者的可进入性，当前多数乡村旅游的交通网络都不够完善，虽然具有良好的生态资源，但由于乡村旅游地点道路不畅，安全性相对较差，很多自驾游都不愿深入到乡村旅游景点进行主动探索，更多是将车辆停放在乡村旅游景点外边，难以深入到景区进行旅游观光，这也在一定程度上影响了旅游者的心情。在节假日，由于乡村旅游景点设置的停车位相对较少，短时间大量旅游者的涌入不仅会对停车场的秩序造成冲击和影响，加之道路交通管理方面也相对欠缺，一旦出现小的交通事故可能就会造成长时间的交通拥堵，这也在一定程度上影响了旅游者的体验。还有部分村民借乡村旅游之机胡乱宰客，借机收费也会给旅游者带来不好的旅游体验。二是很多旅游者选择乡村旅游主要是更好的体验田园风光，放松心情，在这一过程中希望乡村旅游能够为他们提供舒适的田园生活，但很多旅游者认为当前乡村旅游卫生条件相对较差，很多旅游者都抱怨自己的很多合理诉求都不能得到有效满足，很多钱都花的比较冤枉，这也在一定程度上影响了乡村旅游发展的可持续性。

一、乡村旅游基础设施建设的具体内容

乡村旅游基础设施是乡村旅游得以发展的前提。乡村旅游基础设施大致可分为硬件设施、辅助设施和服务设施，具体可以分为吃、住、行、游、购、娱六个方面。对于消费者而言，在乡村旅游过程中，基础设施的好坏会直接影响他们的感受，如果旅游者在乡村旅游过程中没有得到便利的服务，旅游体验就会相对较差，很难激发起旅游者重游的欲望。乡村旅游基础设施应该充分体现其服务功能，构建起符合旅游者需求的服务功能体系，而要想达到这个目标，就必须明确乡村旅游的基础设施建设思路，在建设过程中应该根据确定的规划加以落实。在具体落实方面应该按照住宿、餐饮服务、娱乐设施和公共基础设施等四个方面进行具体布局。

（一）住宿设施建设

在住宿设施建设方面应该按照环保卫生的相关要求加以落实，在满足上述要求的基础上，还可以根据旅游者的需求创办高品质民宿，更好地吸引旅游者的注意力。在商业规划方面应该与厂家进行合作，针对本地的旅游资源，打造具有特色的纪念品和商品。

（二）餐饮服务设施

在餐饮方面应该以农家特色菜肴为主，既要注重品位也要注重样式，形成老少皆宜的农家菜肴体系。

（三）休闲娱乐设施

在娱乐设施方面应该围绕乡村旅游具体情况来开展，既要注重自然环境的开发，同时也要打造一些具有参与性强的文化娱乐设施，让旅游者能真正地参与到娱乐活动之中，确保娱乐活动有所收获。在辅助设施方面应该加强对乡村旅游的管理，提供必要的医疗服务、解说服务和咨询服务。

（四）公共服务设施

对于乡村旅游而言，基础设施建设既要满足旅游者的需求，同时也应该照顾到本地居民的需要，提升本地居民的生活质量。乡村基础设施建设规划具有乡土性、分散性、用量小的特点，因此在基础设施规划过程中要考虑到村民的现实使用，也要考虑到旅游高峰期的游客使用，这样才能构建完善科学的基础设施。能够为村民和景区提供基础设施服务的主要包含道路、排水、供电、环卫等几方面。规划上应该充分考虑到村民的外出和旅游者的进入，在加大主干道建设的同时，还应该注重次要道路和支线道路的铺设，在次要道路铺设过程中可以充分利用本地的碎石、圆石、碎瓦片等，将其进行碾压铺设，既可以防止雨天道路泥泞，同时也能够打造出具有特色的观光旅游道路。有条件的乡村旅游点还应该注重公共交通站建设，公共交通站应该设有雨棚和相应的公共交通工具，旅游者在到达旅游景点之后可以乘坐环保电瓶车、共享单车等就能够顺利到达景点。对于乡村旅游排水体系建设，应该充分考虑到本地实际情况和地势地貌特点，构建完善的排水系统。在旅游景区设置相应的污水处理设施，彻底解决乡村旅游地的排污问题。在环卫设施设置上应该从乡村旅游的实际需要出发，应该在 1 公里到 1.5 公里之间设置公共卫生间，每隔 200 米设置相应的垃圾收集箱，这样才能够更好地满足旅游者的旅游需求。

二、乡村旅游基础设施建设的基本思路

（一）注重营造良好环境

乡村旅游产品的核心是自然生态，厌烦了城市喧嚣的城市居民到乡村旅游就是为了亲近自然、享受自然。因此，应当善用农业资源，重视乡村环境营造，设计出有特色的乡村旅游产品，与环境融为一体，保持耐看、持久与城市生活极度反差的乡村体验。相反，高耸的水泥设施物，艳丽的人工水景、外来植物，过于表现的景观设计，与乡间景观格格不入，破坏了乡村田野的景观效果，因而不再可能吸引到都市居民。如一些乡村的"山庄"频频修建高楼饭店，豪华程度直追都市。走进这些"山庄"，处处是发动机的轰鸣、摩托车的奔驰，都市的文明符号都被移植并楔入山沟，破坏了乡村的质朴与宁静，也破坏了乡村旅游的自身优势。

乡村旅游场景犹如一幅农耕图画，每一构图元素都应体现田园特色，在环境营造上应精选构图符号，明确表达出农耕寓意，增强乡村旅游吸引力，这是乡村旅游产品的高级阶段。事实上，种田犹如绘画设色，在收获农作物果实的同时，也收获田园风光的缤纷色彩。如具有旅游知识的种植者种植"迷宫田"，将田埂渠道设计成迷宫线路，使游客在青纱帐内游走；有的将菜园种成"迷宫园"，各路段设瓜果蔬菜等奖品以增加旅游者的兴趣，在田园适宜处设石凳、

石桌、遮阳伞，不仅增加了游憩功能，同时营造了极佳的乡村环境。

（二）合理规划布局

乡村旅游在发展过程中具有其内在特点，因此在乡村旅游基础设施建设过程中也应该遵循一定的原则。乡村旅游在开发之前应该进行科学合理规划，在旅游基础设施建设上应该按照分散和集中原则加以有效落实。在乡村旅游景区的入口处和核心处应该设置相应的服务设施并进行集中布局，满足旅游者在入口处和核心景点的旅游需求。同时还应该在旅游景点的各处设置相应的分散式服务设施，通过科学合理布局，既能够满足旅游者的旅游需求，同时也能够提升旅游设施的使用效率。在旅游开发实践中，一谈到建设，人们首先想到的往往是新建些什么建筑、房舍、道路等设施内容，而很少想到要适当拆除、删去什么。其实，在乡村旅游设施的建设中，应适度考虑多做些"减法"，少做些"加法"。在乡村原有环境中，做"减法"是减去污浊求"净化"、减去异质求"纯粹"、减去繁杂求"自然"、减去烦嚣求"宁静"，努力追求"大自然"的意境。因此，"减法"比"加法"更经济，更有利于资源的保护及产业的可持续发展。

（三）注重乡土性与艺术性

乡村旅游所用的各种设施，避免豪华与富丽堂皇，简约而不失整洁，睡的床、用餐的桌、坐躺的椅，或木或竹，散发出自然的清香。有些地方在乡村旅游开发建设上脱离了朴素、自然与协调，贪大求洋，追求豪华，不仅与乡村旅游内涵相悖，而且还破坏了当地的资源和环境。有的地方不对本地乡村资源优势和风土人情进行认真调查和研究，不切实际，生搬硬套，效果自然不会理想。乡村旅游追求的是淳朴、自然，是身处钢筋水泥楼群、行色匆匆的人们所向往的，是时尚、清新、返璞归真的概念。

当前很多乡村旅游地在基础设施建设上更多是照搬照抄成功典型，没有结合自身乡村旅游发展的资源优势和文化特点，导致乡村旅游开发缺乏特色，很难吸引到游客。在乡村旅游开发过程中应该结合本地的风土人情和文化特点，突出基础设施建设的艺术性和乡土性原则。在乡村旅游基础设施建设过程中，应该对本地的文化加以了解和整合，提炼出具有本地特色的乡土符号，并将这些乡土符号运用到乡村旅游基础设施建设之中。特别是在建筑和景观打造上既要体现其艺术性，也要体现其乡土性。坚持将乡土性与艺术性有效融合，构建更为完善的旅游设施，按照均衡、韵律的基本原则提升旅游设施的美感。

（四）生态性原则

乡村旅游既需要给旅游者提供完善的服务，同时也应该让旅游者欣赏到本地优美的自然风光，因此在旅游基础设施建设上应该突出其生态性原则。在旅游服务设施建设之前，应该对其进行科学合理规划，本着保护乡村生态环境的原则对乡村旅游设施进行科学合理布局。乡村旅游设施不能破坏本地原有的生态系统，也不能影响居民的正常生活，同时还要满足旅游者的旅游需求。

第二节　文旅融合背景下乡村民宿发展

乡村旅游的发展势头强劲，日益成为现代人类社会主要的生活方式和社会经济活动，因而带动了特色化、本土化的民宿的建设和发展。民宿，这一新型居住形式的兴起也逐渐在住宿行业中成为一大热点。2016 年 1 月，国家正式颁布了《中共中央、国务院关于落实发展新理念加快农业现代化实现全面小康目标的若干意见》这一条例，其中着重强调："只有明确发展目标，依据实际情况去推出农家乐园、乡村酒店、个性化民宿、自家露营、户外运动等各项旅游度假产品及服务，才能推动休闲农业及乡村旅游的快速发展"，为民宿产业的发展指明积极的方向。据国家信息中心发布的《2018中国共享住宿发展报告》数据显示，2017年共享住宿交易规模约145亿元，共享住宿参与者人数约为7800万人，其中房客7600万人，而其中很大一部分客源是乡村民宿游客。因此，在乡村文化振兴的视域下探讨乡村民宿的发展，既挖掘了乡村文化的特色，又促进了乡村文旅的融合，成为推动乡村产业振兴、经济发展、文化繁荣的新引擎。近年来，民宿产业已经成为消费者普遍接受、投资者非常乐于投入的一种新型现代服务业业态。因此，其民宿的合理布局对地区经济发展、资源合理配置等方面具有重要意义。

一、乡村民宿的发展历程

各国各界学者对民宿的特定称谓及定义还没有一个准确且权威的概念。民宿的起源可以追溯到20世纪中叶的欧美地区，以英国B&B（Bed & Breakfast）、法国城堡、北欧农庄、美国居家式民宿（Homestay）等为代表，国外多将民宿称为B&B（Bed and Breakfast），Family Hotel，Family Inn，House Hotel，Guest House等，从名字就可以知道国外对民宿的定义：由家庭经营，提供住宿与餐饮的房子。国外已逐渐形成了一个完备的民宿管理体系，拥有专门的管理部门，提供全方位的服务，体现出民宿化和家庭化的特点。

20世纪70年代以来，民宿的发展在亚洲的日本和中国的台湾地区趋向成熟，成为当地居民或经营业主利用闲置民宅为游客提供短期住宿、餐饮、休闲、娱乐等多种活动的载体。20世纪80—90年代，中国的民宿开始以"农家乐""家庭旅馆"等形式崭露头角，发展到今天已经成为区别于传统酒店和宾馆，更多是一种"家"的形式为游客提供温馨、舒适、亲切和个性化服务和接待设施的短期租住场所。2001年，我国台湾地区颁布的《民宿管理办法》将民宿这一概念定义为：民宿是一种优化整合自有的住宅闲置空间，再依据当地独有的人文、生态、资源、产业等方面，采取家庭副业的经营模式，为游客提供独具地方特色的住宿。2019年7月，文化和旅游部正式发布《旅游民宿基本要求与评价》行业标准，对旅游民宿（homestay inn）进行了明确定义，将其界定为利用当地民居等相关闲置资源，经营用客房不超过4层，建筑面积不超过800m²，主人参与接待为游客提供体验当地自然、文化与生产生活方式的小型住宿设施。地方居民充分利用自有的闲置住所等资源，再依据当地的人文、环境、资源、生态、农产业等实际情况，为游客提供有别于以往生活和文化的居住场所的同时，融入鲜明乡土特色、文化内涵和民俗风情的生活体验，体验更加有温度的住宿、更加有人情味的服务和更加有灵魂的生活。

从经营模式上来看，民宿主要有两种形式：一是重于睡觉的"家庭旅社"；二是重于饮食的"农家乐"。家庭旅社的起源可以追溯到古代的"逆旅"，在近代则是由20世纪90年代的方便旅客住宿慢慢发展而来的。后者源于20世纪80年代，乡村旅游的潮流，体验农村生活而慢慢繁衍生息，它的发源地是四川成都，正好对应当地风情，后来又延续到成都平原，接至四川盆地，最后至全国。总而言之，不管"农家乐"还是"家庭旅馆"，近几年设施和行业的竞争，使其服务不仅仅提供于住宿饮食，"民宿"也出现五花八门的新项目，出现了独特的运营模式。在这个网络大爆炸时代，互联网的介入，民宿O2O网络的完善，将会打造不一样的民宿文化，以梅家坞为例，解析该地风情，解决该地民宿产业。

二、乡村民宿发展现状与问题

（一）案例地概况

梅家坞是一个古老的茶文化村落，地处杭州西湖风景名胜区西部腹地，为典型的城市近郊乡村聚落，拥有近600年代历史。近年来，梅家坞借助自身文化茶园的特色，再加上交通的便利，园区公共设施的完善，发展出很多基于农家乐以及民宿旅游而衍生出的各种产品，并使得梅家坞的中外游人逐年上升。

早在20世纪50、60年代，梅家坞地区就已经成为对外宾开放的观光区，接待了超过百余位外国友人。周恩来总理曾五次在20个世纪五六十年代期间来梅家坞视察、亲自指导农村的工作并将此作为全国指导农村工作的重要联系点。不仅如此，梅家坞曾先后获得相关部门对梅家坞"杭州市园林绿化村""浙江省农家乐特色示范村""杭州市十佳农业示范园区"以及"全国农业旅游示范点"的各种荣誉称号的评选。在梅家坞成为杭州最著名的龙井茶生产基地的同时，梅家坞也积极自主发展旅游景点，拥有了周恩来纪念馆、礼耕堂、琅珰岭这三个具有历史文化的旅游景观，拥有潺潺溪流，绵绵青山，茶园与茶乡休闲区一体，散发出浓浓茶文化的民风和风情的著名景区，很好地体现出了"十里梅坞蕴茶香"的自然秀丽风貌。截至2013年末，年均旅游人次达120～130万次，第一产业和第三产业年均收入达2亿元，平均每户的年收入达30万元左右。

以下是搜集到的相关民宿表（表8-1），本次调查表中统计了当地民宿名称、建筑面积、民宿层高、土地性质、经营方式餐位数、房间数、床位数、就业人数。

表8-1 梅家坞当地民宿统计表

序号	农家乐名称	建筑面积	屋高	土地性质			经营方式			餐位数	房间数	床位数	从业数
				宅基	集体	商业	自主	承包	其他				
1	梅家园	300	1	1			1			150	0	0	5
2	兴旺人家	718	1	1			1			400	0	0	6
3	常满园	525	2	1			1			200	0	0	4
4	水乡秀色	395	1	1			1			200	0	0	12
5	王家庄	200	2	1			1			120	0	0	8
6	渝香居	365	2	1			1			120	0	0	8
7	长乐新村	400	2	1			1			50	0	0	2
8	绿色家园	400	1	1			1			80	0	0	5
9	老夏饭店	434	2	1			1			0	8	16	2

续表

序号	农家乐名称	建筑面积	屋高	土地性质			经营方式			餐位数	房间数	床位数	从业数
				宅基	集体	商业	自主	承包	其他				
10	迎湖	343	1	1			1			80	0	0	2
11	第一湖	381	2	1				1		80	0	0	2
12	凤凰阁	348	1				1			0	4	12	3
13	岛上人家	357	2	1			1			80	0	0	5
14	快活林	200	2	1				1		150	0	0	6
15	美味人佳	268	1				1			130	0	0	5
16	山水人家	235	2	1				1		120	0	0	5
17	舞弄家宴	284	1				1			100	0	0	4
18	湖心野生	398	2	1			1			90	0	0	4
19	生态饭店	589	2					1		0	8	12	2
20	山里人家	546	1	1			1			70	0	0	5
21	难忘村	426	1	1			1			120	0	0	2
22	古韵农家	564	1	1			1			200	0	0	5
23	兴发野味	345	2	1	1		1			200	0	0	8
24	农味人家	364	2	1	1		1			120	0	0	5
25	生态园	354	2	1			1			80	0	0	3
26	四季园	355	1	1			1			80	0	0	3
27	水三鲜	360	2	1			1			60	0	0	2
28	夜山饭店	380	2	1			1			0	12	20	3
29	田园小憩	500	2	1	1		1			80	0	0	3

通过以上统计，我们可以看出，家坞地理位置优越，身处各个旅游景点的包围之中，但是在当地的民宿统计中，这些基本属于当地个体经营，这些

个体户吃住都在那里，没有形成规模。这些民宿类型以低成本的自主经营为主，有个别是承包的，但也是从个体手中承包的。这些民宿类型有的是只进行住宿，有的既有住宿，又有食物消费，价格比较便宜。没有大规模的经营场所，床位较少。

（二）台湾垦丁民宿片区发展经验借鉴

台湾垦丁民宿片是台湾地区民宿发展最早的一片区域，这片区域大致在1981年左右，因为要解决住宿而兴起的，所以只简单的提供一些住宿服务，发展了一段时间之后，肯定需要改进，于是结合当地的自然风光以及人文，出现了一些相互配套的服务活动。民宿主要分布在商业区还有旅游景区的景点周围，垦丁是一个旅游小镇，在台湾相当出名，这里的民宿也因此得到了快速发展。

表8-2　台湾垦丁民宿的布局位置及特点

位置	特点
大湾区	临近沙滩与垦丁大街，风格与当地民宿建筑相近，视野开阔
垦丁大街区	位于大街上或者旁边小巷，方便购物
牧场区	靠近垦丁国家公园
周边区	离垦丁大街比较远，但是以特色设计民宿为主

1. 政策支持

台湾拥有得天独厚的自然风景资源，加上政府政策的支持，这就使得台湾在发展旅游业上有很好的发展前景。政府为了支持台湾民宿业的发展，制定了一系列科学的政策（包括民宿规划编制和生态保护各方面）并且成立了民宿协会，使得相关证件等的办理更加便捷。基础建设开始（交通系统、户外系统等）为民宿的发展提供了条件。

2. 经营理念独到

台湾地区本地农民是大多数传统农家乐的业主,经营方式简单,依傍周边景区存在凭借低价竞争获利,并且这些业主缺乏对经营理念的思考。但是后来居上的民宿的经营者都具有时尚理念,是具有敏锐的市场嗅觉的年轻人。这些年轻的经营者对台湾乡村特色有独到的理解,他们倡导健康的旅游休闲模式,吸引人群去乡村体验简单的生活。

3. 明确的目标客户群体

台湾地区的民宿成功的第二点是由于准确地对目标人群的定位,主要吸引高端消费者,在了解其需求的基础上,大力在网络上利用其餐饮、乡村特色及其网络图文并茂的特点,营造出一种健康与时尚并存的娱乐休闲观。这种特点不仅吸引了许多热爱运动和向往高端生活的白领,更吸引了许多国外的游客。在这些目标群体当中客流量虽不是最大,但在经济效益上是高出普通游客人均消费的数倍以上的。

4. 丰富的延伸旅游产品

在中国台湾地区,民宿旅游衍生产品的开发起源于一些爱好文化产品的客人的需要,但是随着乡村旅游的火热发展,在节假日,周边的游客大量来台湾旅游休闲,原有的产品已经无法满足游客的需求。如德清的"洋家乐",当中不仅有酒吧、露营、爬山、户外烧烤、散步、采摘、钓鱼、攀岩等,还提供了最基本的住宿和餐饮,这很有效地延深了游客的游玩时间,并提高了游客的个人消费。

5. 健康的环保理念和低碳的生活

究其根本,台湾民宿成功上位主要原因就是注重环保。从发展的角度来看,台湾的民宿在开发过程中租用当地的旧房,然后进行改造,力求达到返璞归真,简单的境界,同时注意对垃圾进行分类,对污水进行生态化的处理。并在游客登记入住时提醒游客需节约用电用水。这样不仅引领当地居民的自觉,又让游客感受到一种健康、环保,既合理又新鲜的消费体验。

（三）梅家坞民宿发展的SWOT分析

1. 梅家坞民宿发展的优势

由上面的调查可以看出，梅家坞有独特的地区优势、客源优势、品牌优势。

地区优势具体指梅家坞坐落在上有天堂下有苏杭的杭州，杭州由于地理位置极佳，梅家坞又地处其中，加上梅家坞周边的风景古迹，有古树观赏区、农居群、古井、十里琅珰、古桥、小牙坞等景点，这些景点与当地山水人情相结合，可以很好地带动当地民宿发展。

客源优势可以从上面分析看出，有慕名杭州而来的国内外游客，他们为风景所吸引，来观赏杭州美景；近年来，杭州大力发展电子商务，拥有世界上最大的电子商务B2B公司阿里巴巴，聚集了大量的电子商务公司，因此大量的商务人士在这里游览，这些使得梅家坞发展拥有客源优势。

品牌优势指杭州作为梅家坞所在地区，首先就有独特的先天优势，其次，梅家坞龙井茶生产基地，作为梅家坞的品牌代表，吸引着大量的游客前来；最后还有历届领导人前来观光，加上历史上的一些遗迹，都使得梅家坞有品牌优势。

2. 梅家坞民宿发展的劣势

从前面的统计可以看出，梅家坞的发展存在着整体布局的混乱，没有统一政府层面的规划，产品类型也比较单一。尤其他们的产权所属都是个人，所以协调起来比较困难。

梅家坞民宿所处位置以一字型排开，主要是因为当地居民产权在那里，这些当地居民根据自己的喜好将自己的家进行改造而变成现如今的民宿种类，风格差异很大，没有整体的规划布局，再加上规模较小，因此没有资金引进专业的人才进行民宿的相关服务。

3. 梅家坞民宿发展的机会

如今政府抓住机遇，大力发展第三产业，在杭州，杭州市政府取消了对西湖的收费，因此大量的游客从各地前往杭州，给杭州旅游业带来巨大的发展机会，这对于梅家坞来说也是一个巨大的机会。另外，政府已经开始按步骤规划梅家坞民宿发展，这为梅家坞的民宿发展带来了政策保障。杭州虽不是省会城市，但是凭借电子商务的发展，已在全国城市中走在前列，更是在重庆之后又创造出了杭州奇迹。杭州不像一线城市那样由于发展工业使得环境污染大，相反，杭州凭借第三产业实现经济的快速发展，这样的经济环境使得梅家坞有发展的经济保障。

4. 梅家坞民宿发展的挑战

梅家坞地区因为属于景区，所以基础设施不是很完善，加上梅家坞发展的滞后性，周边的酒店饭店等用优质的服务、现代化的管理等比较好的条件威胁着梅家坞民宿的发展。由于民宿门槛低，政府政策鼓励，有部分房地产商趁机接入，大肆开发，对当地民宿产业的发展产生消极影响。民宿市场也在巨大的利益诱惑下，以不良方式经营，使得民宿产业不能良性循环。

现在作为旅游新载体的民宿，以前也出现了，但是没有引起人们的关注，当然和经济发展水平有一定的联系，对其认识不够，缺乏管理系统，也没有政策的大力支持，发展起来有困难。目前就杭州市情况而言，虽然在民宿卫生方面有相应的规定，但是督查制度、等级评定制度都存在欠缺，也缺乏集体政策的支持。

个体、零散为主，抱团较少。杭州的民宿以个体经营为主，没有形成具有规模的组织和团体，同行业之间缺乏交流。尽管乌镇和西塘这些古镇的民宿业已发展成型，但是浙江省的其他风景区的民宿业在规模化发展的路上还有很长一段路要走。

以景区为主的圆形辐射，过分集中，同质性经营。杭州市形成了过分集中于景区的民宿文化，在西湖、梅家坞等景区风气向周边延伸，同一个景区周围，基本都形成了一样的环境、民房设计和经营理念，同村居民也形成了同样的风格，对民宿发展具有极大地促进作用。

从业人员素质参差不齐，整体素质不高。由于经营业大多数都是当地居民，有部分人有新思想，有新主题，高学历，但是大多数人思想比较落后，使得民宿经营者素质有高有低，这些经营者缺乏业务思考，缺少文化内涵。

整体特色不明显。国外民宿是一种具有鲜明特色的民宿，它的发展将旅游规划、民宿和民族风情充分的结合起来。相比之下，浙江杭州的民宿却没有形成自己的"招牌"，因为它往往主要依赖西湖等地区的风景。除此之外，统一规范缺乏、卫生设施和安全设备的不完备以及占地、随意搭建等现象屡见不鲜也对其有一定影响。

（四）梅家坞民宿存在问题的成因

1.政策及规划层面的约束

（1）依法申请困难

梅家坞地区的民宿营业执照申请不易是因为从法律角度来说，民宿业主和消费者的居住权交易是不合法的。至于管理方面，当前没有明确的申请部门，在政府方面也没有准确的规定和政策解决民宿发展的这一问题。最后就出现了政府无法干涉的尴尬局面，但民宿确实存在，政府也干涉不了民宿暗中经营。这两者之间的矛与盾不能及时解决，造成了经营者失去主动和积极性。

（2）缺少统筹规划

梅家坞地区一直对政府的规划和指导持有不同意见，政府没有统一的关于民宿发展的规范文件，更加注重民宿规模，轻视对民宿的规划导致民宿盲目建设。同时，民宿经营主动权由业主和经营者掌握，这也使得民宿的质量良莠不齐。所以，对于民宿这一文化，必须有相关部门进行整治和规划，做到合理化，达成符合民宿需要。

2.开发与配套建设的矛盾

（1）自身开发建设的需求

民宿作为一种住宿形式，介于民居和旅馆之间，在民宿的发展过程中，由于理想和现实的冲突矛盾，使得当地人对民宿有很大的怨言，具体体现在最终形式上，不能很好地体现民间民宿文化，当地人的不理解造成民宿经营不善，使得民宿在矛盾中缓慢发展。

（2）服务配套设施的滞后

由于生活观念与生活习惯的不同导致的服务问题，还有陈旧的配套设施存在着严重的滞后性：一方面，农村服务设施落后于城市，这是无可厚非的；另一方面，由于缺乏经验与理论的支持，这种民宿建设与开发存在盲目性，导致了一系列生态问题的发生，破坏环境与破坏土地的现象接踵而至，这会影响将来的发展。

3. 特色与文化传承的缺失

梅家坞地区的民宿暂时还不是很成熟，以农家乐为主，农家乐形式单一，使得游客容易审美疲劳，没有很好地利用地区特色，没有改善加工。对于民宿的建设，有些设计单位惯用以前旧理念，缺乏创新，或者生搬硬套，造就了方案达不到居民和游客要求。另外一点，许多施工单位并没有保证熟悉地形和区域特色，在设计完成后盲目搭建，建筑缺乏传统与现代相结合特色。

（1）现代元素植入不够

有时，经营者思维的局限性会导致开发过度，设施难以得到及时的检修与维护。另外，城乡文化差异，经营者消费者之间的矛盾也限制了民宿的发展。通过对梅家坞地区民宿的现状调查，发现过去对民宿过于重规模轻规划，盲目建设。现如今，业主掌握着民宿，这些业主难以从乡村的整体发展角度去考虑事情，使得民宿质量良莠不齐，难以满足游客的需求。因此完善的规划建设就是民宿成功的关键，应当对民宿统筹规划整体布局，比如考虑它们的布局要适应民宿发展。

（2）传统文化恢复的价值

把民宿作为保护传统文化的切入点不能只是一个口号，要切实对现存历史文化进行保护。民宿对于恢复传统文化有独特的地位与作用。

其一，传统院落空间的恢复与传承。民宿的前身是本地的居民，现在的使用者则是游客，因此在使用方式上肯定有很大的不同。传统建筑是民宿的一种重要形式，具有特别的风采。梅家坞地区的传统建筑构成了独具特色的乡村聚落，与山水一体，拥有独一无二的人文情怀。

其二，传统建筑风貌的传承与提升。传统建筑不仅影响一个城市的物质外在，也反映着一个城市的精神与历史。根据城市规划原理，确定民宿的特色既可以传承当地的传统文化，也可以塑造民宿建筑的特色，从而取得很好的效果。

其三，传统民宿文化的传承与发扬。社会的不断进步促使传统民宿中一些陈规陋习被淘汰，但一些优秀的文化传统也逐渐地被遗落。为了保护优秀的传统民俗，使传统民宿在新时代也可以焕发出新的活力，我们非常有必要去挖掘优秀传统，以合适的方法推动这些传统在新形势下蓬勃发展。

4. 管理与经营方式的落后

（1）经营者素质不高，市场服务意识低下

如果民宿想要健康持续的发展，政府很有必要成立一个专门的管理部门。在我国，民宿属于个体经济，工商部门要统一管理，但民宿也是家庭式旅馆，同时应由不同级别旅馆协会拟定一套标准和经营的计划；这样一则有效提升了民宿质量，二则也合法化了民宿业。此外，"有机更新"的方式还适用于梅家坞地方上的小规模改造。针对不同地方的民宿有不同的改造方针，使得每个地方的民宿更加完善、效果更加明显，而投入改造的资金也不会很大。在民宿的改建过程中，策划部门、建筑商、村民之间存在矛盾时，政府应该积极调解，确保改造计划的顺利完成。

（2）相关服务产品较单一，创新意识薄弱

梅家坞地区由于经济比较落后，所以民宿业的服务就达不到客户的需求，尽管国内的旅游市场比台湾来说要比较宽广一些，但是民宿的规模和承载力都有限，比如前面的梅家坞就是一个很好的证明，这些地区由于比较落后，一些硬件设施条件比较有限，比如网络、手机信号等问题都达不到顾客的需求，这样就会对一部分想要回归普通田园的城市游客的吸引力度大大减少。比如说很多游客只是待个一两天就走了，更有甚者仅仅只是在这里吃点地方特色的农家宴后就离开。此外。大多数民宿提供的食物都是粗加工的农产品，就连土鸡蛋等都拿上来称之为特色。但是如果对这些农产品加工，甚至形成一个完整的产业链的话，相信会有更多的人喜欢上它。不仅如此，如果可以塑造品牌，利用品牌效应进行销售的话，附加的利润会很可观的。

5. 生态与环保理念的缺失

（1）重效益轻环保

在梅家坞周边地区，民宿经营者淡薄的卫生观念、安全观念是比较突出的问题。卫生状况令人担忧，特别是服务接待设施诸如厨房、客房、卫生间等不完善，污水及油烟的排放不符合环保要求，安全设施存在漏洞。由于没有统一合理的规划，再加上卫生及安全设施不完善，环境保护不达标，于是存在许多的隐患。更严重的是，有些已经对景区造成了环境污染，比如污水的随意排放严重污染了景区的水体景观。如果长此以往，恶性循环，将不仅仅影响农家乐的经营与发展，更会影响到当地旅游业的健康发展。

（2）看眼前弃长远

有时，经营者思维的局限性会导致开发过度，设施难以得到及时的检修与维护。除此之外，城乡文化差异以及经营者与消费者之间的诸多矛盾，在一定程度上也会对乡村民宿的发展起阻碍作用。从梅家坞地区民宿的现状及发展对规范民宿发展进行研究，发现以往对民宿问题往往看重规模，过度轻视规划，开发建设中存在盲目性。当下，业主和经营者往往掌控着民宿，他们不能从乡村整体的发展和整合角度进行考虑，这直接导致民宿质量参差不齐，满足不了游客多样化的需求。因此规划建设对民宿来说是成功的首要前提，在民宿建设时应该进行统筹规划。例如，对民宿如何进行布点，以适应民宿发展的需要。

（五）梅家坞民宿未来发展的对策与建议

根据调查显示，国内民宿市场每年以10% ~ 20%的速度增长。根据2014年中国民宿单价分布表，超过65%的民宿价格低于200元，是比较经济实惠的旅游住宿选择。但是在民宿业蓬勃发展的背景下，民宿业引起的相关经济效应已是不可逆转的趋势。根据有关资料表明，在中国，广义的民宿就有将近4万家，从业人员将近90万，行业规模达到112亿。由于民宿行业的发展，激烈的市场竞争也由此产生。同时由于民宿业行业准入门槛低，服务质量参差不齐，经营不善等问题，民宿业的发展面临着许多问题。担任中国旅游协会会长的段强先生认为，民宿作为旅游业供给侧结构性改革的形态创新，提供了多样的旅游住宿的选择和新的生活方式与生活理念，创造了新的消费方式，为乡村建设、精准扶贫、大众创业、万众创新做出了榜样。民宿业是旅游住宿的新渠道，在民宿业快速发展的同时，无疑面临着全新的挑战与机会。民宿发展能否保持和谐、能否融洽，以随时发展新理念，主要取决于政府统一的方针和管理。政府的具体管理方针就是民宿业主根据可持续性发展策略让民宿经营系统更加良好，以及对旅游系统的全方面完善。

1. 政府引导与总体思路

（1）税收优惠政策

为了增进民宿业的兴盛、减少在发展民宿时的负担，可以在运作的过程中适量的增加一些优惠的税收政策，所以税收也是在经营一个行业的过程中不可缺少的开支。因为大部分经营民宿的业主都是当地的村民，他们的经济条件有限，所以要使业主对民宿有信心，优良的政策保障是关键所在。例如梅家坞为了促进民宿业的稳定发展，当地政府已经制定了这项优惠的税收政策，增加了地方上民宿业财务的支出，予以税收一定程度的优惠。

（2）制定行业标准

民宿作为一种家庭式旅馆适用酒店的标准和发展方向，以便为民宿的发展奠定进一步发展的基础。一个行业想要长远发展必须有合理科学的行业标准。民宿拥有独特的经营业主和浓郁的地方色彩，因此应结合当地的文化、民宿的规模大小和环境等来制定一份行业标准；还要增强一些关于经营的常规问题来培训与宣传力度，从而使得民宿行业更加完善。

2. 科学规划与合理布局

政府的主要工作就是积极协调、实施以及规划与领导。在前期工作阶段，政府可以邀请专业人员做一些规则性的设计，以便于从整体上进行整改把握，引导各家各户的整改路线，但是不涉及具体的各家各户的设计。在前期工作阶段，对民宿规划必须坚持保护地域特色、村落形态以及完善基础设施与改善人居环境相协调的理念。今天的农村已不能再被单纯地看作乡村聚落，随着时代的发展，乡村聚落不断发展变化，比如新型社区的概念就在一定程度上为乡村聚落的科学发展提供了保障，促进了农民生活环境的提高。

（1）宏观规划选址

对于民宿的位置确定，应同时考虑到整体性和环境的承载能力。大多数建筑民宿尽量避免设立在风景区里，而应该在其周围。在景区和特殊地理环境的地方可以合理利用空间。比如要照顾游客的休闲与享受就可以提供餐饮和休息区。民宿想要依靠当地的地理环境来实现这些目标就必须有合理的设计规划。对于梅家坞的地理特点，我们设计发展空间布局，依赖于所处的地理环境资源，科学、环保地对区域进行分化，设计出与众不同的民宿建筑功能，将更好地发展梅家坞的民宿空间，以此来实现各区域和谐互补，更加合理的开发农家乐，充分地利用特殊的地理资源，从而满足各种市场客源的需求。

（2）综合布局研究

对于梅家坞地区的建筑设计，从民宿建筑设计总体来看分为分散型和集中型。

其一，因地区地形的错综交织，而出现块状建筑，突出地区建筑的"点"的方式，从而形成了分散型空间布局。因此，在建筑民宿时应集中地建设建筑，形成紧凑的建筑体系来合理地提高地形的应用。

其二，对于建设完整集中地设计模式——集中型空间布局。从水平和竖直方向上来看，水平上主要以"面""线"的形式来体现。其特点为：建筑整体性效果好，土地使用合理，建筑立体感强，但对整体环境有较大的影响。所以在设计时应合理与环境相结合，科学环保进行设计。

3. 民宿开发与配套建设

（1）功能布局

有特色经营模式的民宿得以生存，而一成不变即将被淘汰，这是大自然的生存法则，特色之所以成为特色，与一个良好的指挥和固有的环境特点息息相关，所以说特色的形成不容易，精心规划和特色管理以及独特的环境加上服务形成自己鲜明的特色，统一单调的民宿已经不能再吸引游客，独特性才是成功经营的秘诀。中国台湾民宿就很注重自己的特色，通过提供特色的民宿来吸引不同的游客群。

（2）空间环境提升

新型民宿的发展特色成分必不可少，梅家坞地区就应该利用自己得天独厚的自然风光和人文特色打造自己的民宿品牌，融合当地民风民宿，提炼创新，创造充分体现出梅家坞的文化底蕴。利用酒店模式设置一流的服务，及时了解客人需要，增加吸引独特消费客源的魅力，尽一切可能利用多种选择和服务进行旅游产品推销。

（3）建筑空间

民宿兴起时，村民对住宅内部的空间和功能都做了改造，住宅变成旅游服务设施，虽然满足了游客的需求，但也降低了村民的生活质量。目前梅家坞的民宿整改已经由普通住宅转变为旅游住宿。但是除了客房外，其余的生活空间划分不够明确，同时环境也脏乱。建筑既要保证空间位置合理，又要保证使用人群互不打扰，还不能挤压居民生活空间，又要结合当地特色。比如，某村有特色的手工艺品，就可以开设手工艺制作室。表8-3为民宿建筑的主要特点。

表8-3 民宿建筑的主要特点

	原居住者		游客	
	原有行为	原有活动空间	新行为	新空间
室内	起居	起居室	餐饮	餐厅
	居住	卧室	棋牌室、娱乐	活动室
	居住	卧室	住宿	客房
	生产生活准备	储藏	商业服务	商店、客房
室外	种植	菜地	餐饮	室外餐厅
	生产准备	室外	公共活动	室外公共建筑

（4）配套设施建设

就目前的情况来看，民宿无疑有较大的市场发展空间。景区可以更新完善一些配套设施，如便利的网络与交通，干净整洁的卫生环境，使游客拥有更美好的旅行体验，从而促进民宿业的进一步发展与繁荣。

民宿发展的基石是基础设施，基础设施代表着民宿的发展水平和档次，影响着游客的第一印象，因此民宿发展的前提与重点是建设完备的基础设施。梅家坞民宿风景优美，但也意味着不便利的交通和生活条件，因此基础设施的建设必须得到充分的重视。卫生环境干净，生活设施便利。

4. 传统文化的恢复与传承

鉴于文化恢复原则是我国学者以前对古城的研究，为保留当地的传统元素，展现原汁原味的当地生活的追求，因此在民宿发展过程中也应遵守这一原则。在景区中怎样保留传统文化，保护传统建筑是规划者一直在探索的问题。民宿作为特色建筑的一种独特的表现形式，需要鲜明的表现传统文化对该地区的影响。所以在民宿的发展历程中，为了让游客可以更好地体验当地特色，我们要尽心竭力地保护并再现当地的传统文化。

（1）延续传统文化

我们国家流传着"上有天堂，下有苏杭"的谚语，梅家坞更是有茶文化作为特色，吸引了海内外很多游客前往游览。这里作为著名的龙井生产基地，拥有"不雨山长涧，无云山自阴"的自然风光，这些作为梅家坞的宝贵资源，必须要保护和延续，在民宿发展中也要保持这些特色。

民宿在新的区域建设过程中，基本都惯用"拆旧建新"的理念。为了提升居民生活水平，社区建设必然要追求新理念建设，同时吸取传统文化的精华，贯彻应用，这样达到了传统文化继续繁衍生息，对传统文化也起到了保护作用，一举两得。在梅家坞地区中发现：统一的楼房、绿化、广场，使得农村与城市的区别消失，传统文化不断消逝，实在令人惋惜。

许多居民反映，他们已经感觉不到田园风光，没有深感大自然的味道，失落感由心而发。分析原因：其一，在规划过程中对农村风情不了解，没有对农村文化进行发掘和认识，设计严重缺乏农村特色；其二，社区的管理制度是按照城市化的管理运营模式进行的，缺乏农村居民生存理念。

（2）传统文化恢复的原则

保护我国优秀的传统文化与历史是我们的责任，对中华文明也具有非比寻常的意义。恢复和保护传统文化不能破坏当地根基，然后在此基础上提高当地的经济发展水平，弘扬当地传统文化，保护与继承当地传统建筑特色。

5. 经营管理的完善与提升

当经济发展到一定的水平，资金人才都会向乡村流动，从而促进了民宿旅游的发展壮大。乡村游的高端方式就是利用当地的民居、农业及自然景观创办个性化的经营，如旅馆、酒吧、茶楼等。

（1）加大创新产业链条

浙江民宿旅游早先出现过品牌缺乏、收入贫乏的阶段，不过，在经营者不断开拓、不断创新、不断创造、结合生活需要之后，最后打造出了一条具有独特建筑特色的民宿风格，在装饰过程中，以乡村风格为主调。

所以梅家坞的民宿文化应该借鉴浙江民宿的文化经验，在地域差异的情况下相互结合，取长补短，实现自己独有的特色风格，提高产业链条的质量，实现田到桌一条线，减少成本，提高质量，实现田园品牌，借助广告宣传，吸引更多人关注参与，实现可持续性发展。

（2）经营主体规划

梅家坞地区的民宿旅游要形成规模化发展就必须采取一体化的发展策略。但要形成规模化的产业链仅仅依靠目前的以农户为主体的农家乐是不行的，必须吸纳足够的资金，走多方开发道路。有四种方案可供选择，政府＋村庄模式，企业＋农户模式，政府企业农户三方合作模式，或者是政府企业农村旅游协会农户旅行社五方协作模式。其中的一个典型例子就是西山的金庭镇，该镇以农村生态文化旅游为指导理念，不断促进民宿的发展，形成了包括特色农家乐和民宿的休闲产业链，为怎样提高农村收入、促进农村产业结构转型树立了榜样。

（3）消费市场营销

梅家坞民宿业发展的当务之急是塑造名气，利用各种传媒方式使游客对梅家坞民宿有一定的了解，各种其他的市场营销才可以开展。比如现在互联网传播速度极快，可以组织人在各个论坛中将梅家坞风景、文化、美食等特色传上去，现在梅家坞还有古树观赏点、十里琅珰、古桥、古井，这些作为梅家坞景点的风景线都可以在各个论坛进行传播。

（4）广告效应新颖化

梅家坞民宿的宣传手段必须突出梅家坞民宿特点以及短期度假的便利，

新颖，独具特色，使人过目不忘，才可以吸引顾客群的注意。不雨山长涧，无云山自阴的自然景观，加上周总理纪念室、乾隆遗迹，尤其是龙井生产基地，都可以作为梅家坞的代表让广大游客驻足。

（5）塑造品牌竞争能力

品牌是一个企业的灵魂，体现着一个企业的管理理念、企业文化等。浙江有许多的具有知名度的民宿品牌，诸如拉拉山民宿、清静民宿和桃米民宿等。梅家坞地区的民宿业要确立属于自己的民宿品牌，这样梅家坞民宿才会有一个更加有希望的发展前景。品牌是无形的资产，民宿要借助品牌力量来整合旅游与商业资源，会取得巨大的效益。民宿一边需要持续不断地完善基础设施，另一边也要不断地提升服务质量，只有双管齐下，才可以推广自己的品牌，形成自己的知名度，实现可持续的发展。

6. 目标市场的开发

梅家坞地区的民宿旅游的市场推销如果要起作用，第一步就是对目标消费人群做一个细致的划分，针对不同的目标人群进行特定的营销策划，比如年轻人偏爱休闲，中年人注重短期度假，老年人则更喜欢养生。不同目标的消费人群有不同的营销方案，但必须遵循一个系统。以下为游客类型统计表，如表8-4所示。

表8-4　游客类型统计表

类型	人群特点	需求
背包族	游客来自全国各地，依托网络，对民俗兴趣较大	独特及吸引力
商务游客	杭州电子商务中心的吸引	特色休闲旅游产品以及假日民宿产品
国外游客	入境游客在杭州平均停留七天	当地特色及舒适性
本地中产阶级	平时工作压力大，在双休日抽空休闲放松	休闲娱乐
熟人与常客	与民宿主人熟识	游玩会友

7. 大力培养民宿人才

专业人才对民宿的发展是必不可少的。一方面既要对当地的民宿业主进行培训，同时也要适当聘请一些专业的人才，两者择优经营，建立一支既熟识当地传统文化又有专业知识的团队来系统的发展当地的民宿业。

游客在梅家坞游览驻足，都是享受乡间的田园风景，寻求内心的宁静，从而暂时远离大都市的喧嚣。因此，民宿工作者要迎合游客的需求，在培养时，民宿人才要具备以下几个方面的能力。

有情怀，热爱生活。因为民宿需要的人文情怀，大都市酒店标准的服务显然和乡间的风土人情格格不入。

良好的沟通能力、换位思考的服务意识，这是民宿工作人员应该培养的方向，由于要面对很多各地的游客，不同地区的游客，语言及生活风格各不相同，外加还有大量的外国游客，民宿工作人员需要以上能力才能有效服务。

四、乡村民宿助力乡村文化振兴的建议

新型民宿要想经营成功必须坚持"迎在门面，吃在农家，住在民宿，乐在其中"的理念。民宿经营者要想经营独具特色的民宿必须具备专业理念态度。民宿经营者必须具有终身学习的能力，不断提升自己，增加民宿的特色。通过分析梅家坞周边民宿发展现状，挖掘问题及原因，意在为梅家坞地区的民宿提供一定的指导，使得梅家坞民宿旅游业品质得到质的提升，增加农民收入，改善农村环境，提高农民生活质量。

（一）民宿设计中融入乡土文化和创意元素

同质化的乡村民宿产品给游客带来了较大的视觉和体验"障碍"。究其原因，多数民宿产品存在简单模仿和复制的弊病，民宿业主也因缺乏对本土地方文化的深入挖掘，缺乏景观规划和设计的科学理念，往往以为民宿就是

将"农家乐"贴上标签,"改头换面"为民宿的招牌即可。然而,正是因为缺少了地域特色和文化内涵,乡村民宿这一理应承载乡土文化、乡土记忆、乡土情怀、乡土味道的场所变得乏味而缺失了灵魂。为此,必须依托专业团队,为乡村民宿进行"量身定制",设计精品民宿,激发乡村文化的生命力和魅力。比如,建设过程中要尊重地方自然的乡土性,坚持生态环保,改造房屋的材料要充分考虑就地取材的便利性,还可融入太阳能、风能、生物能源等技术手段,实现乡村民宿的生态宜居。同时,民宿景观的设计要融入文化创意元素,充分挖掘和凝练乡土文化基因,在民宿的餐饮、家具、体验活动等设施上都嵌入文化创意的元素,增加乡土味道。

(二)丰富民宿产品业态,拓展乡村经济产业链

在深入挖掘地方乡土文化、丰富乡村旅游产品业态的基础上,进一步强化民宿业态的融入功能,引导村民转换观念,积极拓展民宿经济产业链。因此,民宿经营者要充分利用共享经济的线上营销渠道,学习使用Airbnb、途牛、美团等线上交易平台,开展乡村民宿的线上预订、消费评价内容分享、旅游照片和微博宣传等,延伸民宿经济的营销链。丰富乡村民宿的产品内容,增加游客的互动体验。比如,原先民宿销售的农产品主要是农民自家种植和采摘,再销售给外来游客。现在,借助现代信息技术手段,打造农产品科普展馆,包括建立谷仓民宿、农耕博物馆等,运用VR等现代技术将农产品的种植、采摘、包装等过程进行虚拟再现,丰富游客的认知和体验。同时,组织和培训本地农户和居民开展农产品相关知识的讲解培训工作,为游客讲述他们自己的"农耕故事",增加本地居民的就业机会。

(三)加强培训和帮扶,提升乡村经营者的管理水平

民宿经营状况往往与经营者自身的文化素养、市场洞察的敏锐性以及经营管理能力戚戚相关。为此,政府应该加强对地方民宿经营者的培训引导,扶持本地居民自主创业,通过自主经营、房屋租赁、房产入股分红等形式,盘活现有的农村闲置资产;定期组织经营管理和相关服务人员开展培训,包

括经营管理知识、服务理念、专业技能、安全生产等方面的综合培训，并可举办乡村旅游、乡村文化、乡村产业等方面的专题讲座，为民宿从业人员提供多方面的学习计划。同时，还可以邀请行业内的专家到访本地民宿，通过调研论证等方式为民宿存在的现实问题和经营困难"把脉"，查找原因，提出科学的解决方案。

（四）加大产业投入和政策扶持力度

乡村民宿的健康发展能够有效带动地方产业的转型升级，实现农民增收和就业创业。为此，政府一方面要加大财政投入和民宿产业的扶持力度，统筹好地方国有企业、国土、财政、水利、住建等相关部门的多方资源，坚持民宿开发与"美丽乡村""乡风文明""生态宜居"等协同谋划，统筹安排配套资金，聚力打造地方独有的民宿品牌。另一方面，要加大招商力度，通过独资、合资、委托运营等多种合作方式广泛吸引社会各类资本参与到乡村民宿产业的发展中来，探索民宿规模化和集群化发展路径。同时，实施"乡村创客计划"，留住本地非遗文化的传承人，鼓励大学生返乡创业，吸引优秀人才入驻乡村，共同参与乡村民宿的建设与发展。

第三节　乡村旅游解说系统和网络信息平台建设

一、乡村旅游解说系统建设

（一）解说系统的意义

解说是人与人、人与环境之间沟通的工具与互动的桥梁，游客通过解说人员优秀的解说，可进一步丰富临场体验视、听、触、嗅、味等感觉，也可通过与解说人员的双向交流，提升个人观察与欣赏环境的能力。此外，在各种科技的协助下，解说的形式与媒介越来越多样化，经由解说媒介的转化，可以引导游客去感受环境的多变性与自然之美，让游客留下知性与感性的体验。解说系统的重要性体现在以下方面。

对游客来说，可以充实游客的体验；使游客利用自然环境时，做出明智的选择；可以使游客了解人类在生物界中所扮演的角色，进而尊敬自然；可以广增游客的见闻，对自然资源有更进一步的认识。

对环境来说，可以减少环境遭受不必要的破坏；可以将游客由较脆弱的生态环境中转移至承载力较强的区域；可以唤起民众对自然的关心，有效地保护历史遗迹或自然环境；可以促使大众以合理的方式采取行动保护环境。

对经营者或当地来说，可以改善公共形象并建立大众支持；可以唤起当地居民对民俗文化遗产引以为荣的自尊与感受；可以促进观光资源的利用，提升当地的知名度，增加经济效益。

（二）户外解说设施构建

展示解说使用文字、图画、相片、模型及实物等做成解说牌或展览品，以达解说服务的目的。解说设施分室内和室外两种类型，乡村旅游区的解说设施主要为室外展示。

室外展示通常是由一些表面附有解说文字和辅助图画的平面木板所组成。室外展示受到环境的限制，其适合使用的媒材与形式不如室内展示来得多元和效果好。户外展示的设立位置，必须放在容易看得到的地方，而且应当使游客能毫无障碍地看到要解说的事物。

1. 户外解说设施的功能

户外解说设施的功能一般可分为指引方向类、资源说明类与警示类三种，其中指引功能的指示牌是乡村旅游区的重要设施之一，游客可以透过其适当的方向标示导引游客行走路线。指示牌的设置地点通常在容易造成游客混淆的路线或是交会点上，而指示牌的内容除了方向外，更应标示剩下路程、时间，若步道有高度落差时也可标示所在海拔高度，以为提供游客清楚的乡村旅游资讯。

资源说明类的解说牌主要针对乡村旅游区内的特殊资源或是视觉景观，甚至是全区资源分布等所提供的解说与导览功能，设置地点包括重要入口处或主要步道交会点，可提供全区配置简略图及游程解说；或是在特殊景物前设置说明牌，以解说该处景观或景象的相关资讯。

警示意味功能的说明牌，主要设置于可能危及游客活动安全的地点，通常设置类型以红色醒目标志或可促使游客注意的标志性为主。

2. 户外解说设施的内容

户外解说设施主要有解说牌与指示牌两种。

解说牌可使用各种不同特性的材料来制作，如金属、石材、陶土、木质和塑胶等。材料的选择要综合考虑地点、位置、气候、环境情况、版面的图示内容，以及可能遭受到何种程度的破坏等因素。此外，解说牌的设置地点要易于看见且不破坏景观，大小适中、内容简洁易懂，能吸引游客的注意。

指示牌在制作设计上多以符号为准，较易被认知；选材时应选可耐久露天保存、保养费低的材料；在色彩选择上尽量以暗色为底，鲜艳色为符号或字体。

二、乡村旅游网络信息平台的建设

网络技术的发展与营销手段的更新，使智慧旅游到来。基于这一时代背景，要想使乡村旅游可以长足发展，需要建构网络信息平台，以便收集相关信息，对乡村旅游的发展进行评价与反馈。构建乡村旅游信息平台，首先，有助于开拓旅游产品的销售市场，为其提供广阔的发展空间，人们可以通过乡村旅游网络平台更多地了解乡村旅游产品，进而选择到当地旅游与购买相对应产品。这样乡村旅游景区也可以吸引更多的游客，从而获得可持续发展。其次，有助于促进乡村旅游的规范发展，通过乡村旅游网络信息平台，可以对乡村旅游条例、管理措施等进行规范，从而建构一个文明有序的乡村旅游信息环境；最后，有助于构建乡村旅游信息库。利用乡村旅游网络信息平台，能够对乡村旅游的信息特征加以描述，当收集了这些信息特征之后，便可以构建信息库，从而便于乡村旅游景点的宣传。

（一）乡村旅游网络信息平台构建的内容

乡村旅游网络信息平台可为公众提供有关旅行、游览、休闲、度假等活动相关信息的非商业性咨询服务。旅游信息咨询服务主要内容有：（1）解答旅游者提出的各种有关旅行和旅游活动的问题；（2）向游客提供旅行方面的相关经验；（3）向游客提供景区景点内的信息，例如景区内的地图、导游讲解等信息；（4）接受旅游者投诉以及向旅游行政管理部门传达情况，协助调查并处理问题。具体可以实现以下相关功能。

1. 旅游信息咨询服务

旅游信息咨询服务有利于提供科学化的旅游决策，现代社会活动是十分复杂的，一个问题常常受到许多因素的影响和制约，因此旅游信息咨询服务的出现给旅游行政管理部门提供更多依据和可信的信息，有助于旅游管理行政部门做出科学的决策。旅游信息咨询服务有利于节省旅游信息用户的时间和费用，资讯的目的是为了找到解决问题的方法，不管是网络咨询站还是网络咨询人员都有丰富的经验和知识，因此所提供的信息也具有相当高的可靠性，可以帮助游客在短时间内高品质的完成用户的提问，满足用户的信息需求，在一定程度上达到人力、物力和时间的节省。

2. 旅游安全保障服务

旅游安全保障服务是旅游公共服务的关键，也是旅游者旅游活动能够安全、顺利进行，旅游业能够得以正常运行的保障。旅游安全保障服务体系主要涉及三个方面：第一是对旅游者旅游活动中的安全保障，游客不仅仅是在自己的生存环境中需要安全，而且也需要在旅行中保障其安全；第二是对旅游资源的安全保障，旅游资源是旅游业发展的基础和前提，只有使旅游资源得到可持续的利用，才能使旅游业长久发展；第三是旅游业也有义务维持社会稳定，保障旅游活动有序的进行。旅游安全保障体系由旅游安全政策法规系统、旅游安全预警系统、旅游安全控制系统、旅游安全施救系统和旅游保险系统五个系统构成。强化旅游安全设施，形成完善的旅游紧急救援系统，旅游保障系统为旅游者营造安全、高效、放心的旅游环境。

3. 旅游交通便捷服务

旅游交通的核心内涵是：因旅游需求而伴随着旅游全过程的交通路线、工具、设施以及服务的总和。乡村的旅游交通体系仍处在建设不完整的状态，乡村自然景观、人文景观分布相对分散，乡村旅游在改善旅游交通条件的同时，也可以通过软件建设，在线实时进行旅游交通疏导，并提供相关信息。

4. 旅游惠民便民服务系统

惠民便民，顾名思义就是要让游客实实在在享受到旅游优惠和便利，这项服务可能不会直接为旅游业带来巨大的收益，但是可以有效地提高游客的满意度，增加景区的吸引力，获得良好的宣传口碑。当然旅游惠民便民服务同时也可以为当地居民提供生活上的便利，有利于增加居民对政府的信心。目前，相关景区向游客免费开放，同时鼓励景区推出更多的优惠和便利措施，完善公共服务设施的旅游服务功能，推进通信、景区停车场、旅游厕所等旅游便民设施的建设。

5. 旅游行政服务系统

旅游行政服务是指旅游行政管理部门应用经济、行政、法律政策等手段，充分发挥组织、服务、监督、协调、控制的职能，对乡村旅游进行监管和调控的过程。防范旅游安全风险，应对旅游事故危机，为旅游业有序运行提供保障。充分发挥在线信息沟通交流职能，加强对旅游业的引导，提高旅游景区景点从业人员的服务意识，建立健全游客投诉受理机制，积极有效的处理各类游客投诉，解决投诉问题，增加游客对旅游景点的满意度。

（二）乡村旅游网络信息平台构建的思路

乡村旅游网络信息平台是基于网络建构起来的，在建构过程中，需要做好如下几点工作。

第一，确保将自身的特点展现出来。

第二，确保栏目编排清晰有序。

第三，确保旅游者能够准确捕捉信息，并快速进入网页。

第四，要尽可能具备强大、全面的功能，以与旅游者的需求相符。

第五，确保页面形象好。

第六，要注意对信息的发布加以完善，确保条理、法规等符合规范。

第七，设置会员管理功能，便于网站被更多人认可。

第八，注意更新网页内容。

第九，切实抓住客户的心理，制作符合客户心理的页面。

第十，确保客户登录的安全性。

第九章　乡村生态文明建设与旅游可持续发展

　　资源的可持续利用深刻影响着人类的生存与发展。因此，我们在利用农村资源发展乡村旅游的同时必须对其带来的负面因素进行深刻的反思。近年来，随着改革开放的深入开展，国民经济得到长足发展，人民生活水平大幅提高，城镇化进程不断加速，城市居民的休闲旅游需求也随之提高，乡村旅游可持续发展的相关研究成为学界关注的重要课题，但多数学者过于看重乡村旅游发展获得的经济收益，而忽视生态环境在乡村旅游的发展过程中所受到的冲击，此外，关于乡村旅游参与者内在精神需求方面的研究也相对较少。基于此，本章从文旅视角出发，探讨乡村可持续发展的相关问题，尤其是生态文明与乡村旅游可持续发展的关系问题。

第一节　生态文明理念的提出

一、生态文明的概念

要想对"生态文明"一词有清楚的了解，首先就需要弄清楚"生态"与"文明"两个词。生态一词是从古希腊语来的，本来指代的是家庭与房子，19世纪中叶，其逐渐变成现代意义上的"生态"的含义，即自然界各个系统中复杂的关系。从系统论的角度来说，生态系统是植物、动物以及无生命环境间相互作用产生的一个动态复合体。现代生态学主要是对生态系统的研究。生态文明是人们对世界进行主动认识与征服的实践活动以及获得的成果，是人们实践的产物，代表着人类社会的进步与开化。

20世纪，西方国家对污染问题引起重视，并进行了深入的探讨和研究，也做出了一系列的成绩。我国对生态文明的关注较晚，但也是在不断进步与向前发展的。现阶段，我国很多学者对"生态文明"下了定义，所谓生态文明，指的是人类遵循人、社会与自然的和谐发展这一规律，以获得物质与精神的满足；指的是人与自然、人与社会、人与人之间的和谐共处，并将全面发展、和谐共生作为基本宗旨的文化伦理形态。①这一定义客观地描述了人与社会、自然的关系，即人类在对自然认识与征服的过程中，对人与社会、自然的相处模式进行有效的改善，促进彼此的良性发展，也体现了人类对自然的尊重与保护的意识与决心，实现人与自然的和谐共处。

---

① 潘岳.论社会主义生态文明[N].中国经济时报，2006-09-28.

所谓社会主义生态文明，指的是从社会主义出发，建设人与自然和谐共处的发展模式，对马克思建立的共产主义的初衷加以坚持。建设社会主义生态文明要将尊重自然规律作为前提，对生产力加以解放与发展，以实现人民群众物质与生态的需要，使我们的国家走上科学、文明的道路，最终实现可持续发展。

就广义层面来讲，生态文明是人类社会逐渐发展的时期，代表的是人类社会发展到高级阶段的产物，是工业文明之后出现的一种新的模式。与工业文明时期相比，其更加高级和先进。工业文明造成的生态危机引起了全世界的反思，生态文明就是在这种反思的基础上产生的，是人与自然关系修复的结果，是当前构建的第四种文明形态。

就狭义层面来讲，生态文明是整个文明体系中的重要内容，其与物质、精神文明等一起向前发展，推动人类社会的进步。在这几种中，物质文明是人类物质所需的保证，精神文明为人类发展提供各种各样的智力需求，而生态文明为整个文明体系提供简史的基础。

在发展理念上，生态文明主张人对自然的尊重，不能再用野蛮的态度对自然资源过度占用，要更好地保证人与自然的关系，实现生态系统的和谐发展，最终实现经济社会的可持续发展。

在制度属性上，社会主义的根本属性在于构建生态文明。对于生态问题，说到底就是社会公平的问题，自然灾害波及人类生命安全是最严重的问题。在资本主义社会，出现了剥削就意味着社会不公平。要想从本质上消灭不平等，只有选择社会主义才能保证这种平等。

在发展进程上，从原始社会发展到农业文明与工业文明，再到生态文明。人类在看待与自然的模式上，上升到一个新的高度。其代表的是人类文明的发展理念，是人类发展的重大进步，是对工业文明危害进行深刻认识的重大飞跃。

生态文明的重点是要在人与自然的和谐共处中，对自身行为的恶劣影响有深刻的认识，同时将人与自然的相处模式加以完善。这体现了人类在看待自身与自然关系问题上有了明显进步，代表的是人类社会的高级阶段。生态文明对之前工业文明中人与自然关系的认识进行了否定，这是人类反思的结果，是人类在实践中得出的结果。

与之前的工业文明相同的是，生态文明也是通过对自然的探索实现物质生产力的进步，从而不断满足人们的物质需求。但是，生态文明也有独特的地方，即生态文明倡导人与自然的和谐发展，要求人们构建经济、社会与环境的和谐发展模式。生态文明的本质在于对自然规律的遵循，始终将人与自然的可持续发展视作重点，其主张在人与自然和谐共处过程中，能够将自然放在与自身平等的地位，从这一角度考虑自身的利益。在追求经济利益的同时，不仅要对资源问题进行正面看待，还要对资源开发进行合理地制定，不能超过能源的最大开采值。此外，还要遵循生态原则，将生态效益放在重要地位，绝对不能对自然系统加以破坏，将人的发展与生态放在同一的位置，在维护生态平衡的基础上促进经济的可持续发展。在发展的过程中，应该及时对生态环境的破坏部分加以改善，最终实现人与自然的和谐共赢。

二、生态文明的深度解读

（一）生态文明包含人与自然两个平等主体

1. 彰显自然的主体性地位

生态文明是人与自然和谐进步与发展的结果。这就意味着生态文明不仅是人类的一个系统文明，而是包含人类社会系统与自然系统在内的文明。因此，生态文明的主体不仅是人类，而应该包含两个主体：人与自然。

就这一个角度而言，生态文明是双主体文明，但是在人类文明的进步中，人与自然的关系不断改变。

在原始文明时代，人对于自然的态度犹如儿子对待母亲的态度，是那样的亲情与敬畏，人与自然的关系是天然的有机统一体。

在农耕文明时代，虽然人对环境进行了改造，但是二者的关系从整体来说还是比较和谐的。

随着科技的发展，人类进入工业文明时代，出现了"主客二分"的自然观念，最终出现了一些理论命题，如"人为自然立法"和"人是万物的尺度"等，并逐渐在工业社会中占据主导地位。基于这种理念，人类认为自身高于自然，不断破坏自然环境，导致二者的关系不断恶化。尤其在"人类中心主义"的观念之下，人对自然进行支配，二者是主客体的关系，人类不断征服自然，自然的价值逐渐被遗忘。对于人类而言，自然是资源库，是废料场，人类对自然进行肆意破坏，最终导致全球性的资源枯竭，也出现了严重的环境污染问题。

针对上述问题，人类要想生存下去，就必然需要与自然共存。因此，人类不得不转变二者的地位与关系，对人与自然的关系进行合理的认识，尤其是正确认识自然在系统中的地位。

2. 重构人类的主体性价值

随着人类文明的发展，人类尝试利用现代文明的成果来提升自身在生态系统中的地位，期待将自然划分到对象世界中，却导致自身从文明中异化出去让自己从自己所创造的文明中异化出去。这是因为人们为了巩固自身的主体地位，对物质财富与科学技术不断追逐，在追逐的过程中，人类本身对环境与精神财富的需求逐渐被束缚，但是人本身的自私、贪婪属性被发挥到了极限，导致人不再是自由的主体，他们的主体地位被现代文明与技术异化。

相比之下，生态文明承认自然的主体性，就本质上来说，是人类对自身的一种深层反思，是一种自身的升华。生态文明强调促进人的全面、自由发展，不仅凸显了人与自然的平等地位，还促进二者的和谐发展。

3. 自然与人类平等的相对性

生态文明观认为，自然界催生了所有生物，一切生物都处于自然系统之中，包括人也处于这一系统之中。人类作为自然界的一分子，既不能超脱于自然之外，也不能凌驾在自然之上，而应该与自然界处于平等的地位。但是，这种平等是相对而言的，不是绝对的，它是人与自然的和谐相处，是二者的平衡发展，其边界就在于实现二者的和谐共赢。

所以，人与自然的平等与人类内部个体间的平等不同，其主要指代的是人与自然的和谐发展，其平等性主要体现在和谐性上。这就要求人类必须对自然予以尊重与爱护，在追求人类社会发展的过程中，不能牺牲自然，而要处于自然可以承受的范围内，实现二者的共同发展。

（二）生态文明是人类文明与自然文明的有机统一

1. 人类在长期的实践中形成了人类社会，并创造了灿烂的人类文明

人是自然界发展到一定阶段的产物，作为生态系统中的消费者，不仅与其他物种一样，对自然进行高度的依赖，人类还能够创造工具，具备思维，因此与其他物种相比，具有特殊的组织能力与创造能力。在不断的实践中，人类对工具进行使用与创造，将语言作为媒介，形成人类社会；依据发达的科技手段，对自然进行开发与利用，创造出了灿烂的物质、精神文明等，这也导致人类生态系统与自然生态系统出现分异情况。

随着科技的进步，尤其是工业革命之后，社会生产力不断释放，人类前进的脚步加快，提升了人类社会的扩张能力，人类文明的发展取得了显著的成就。甚至在工业革命发展的200多年时间里，人类的社会生产能力高度辉煌，这为社会提供了丰富的物质财富与精神财富，同时也出现了适合自身的各种体制。

但是不得不说，工业文明空前发展，是建立在对自然规律违反的基础上的，通过对自然界进行掠夺与奴役逐渐实现，它是以牺牲生态作为前提的。过去人们认为，一个民族能够长治久安，就需要经济上的强大，这种进步的结果就是自身物质、精神、政治文明的空前发展。但是，在不断的实践中可以发现，如果无节制地开发自然，超出自然的承受力，会带来很多恶果，出现严重的生态危机。因此，如果不对文明进行转型与变革，任由工业文明发展，必然导致整个地球的毁灭。

2. 生态文明既包含人类文明，也包含自然文明

长时间以来，很多人认为"文明"一词指代的是人类在改造自然中获得的物质与精神成果。这一认识只侧重人类文明，但是对自然文明很少重视与提及，即着重人类创造出来的人工系统的积极成果，但是忽略自然的文明

性。但是需要指明的是，自然也是有文明性的。

首先，自然具备多种价值，很多生物都充当了价值主体的角色。自然系统的创造性就是价值之母，只要存在自发创造的因素，那么价值就存在。也就是说，价值是能够创造出对有机体有利的差异，生态系统得以丰富，才能更加具有多样化。①实际上，自然价值不仅涉及消遣价值、经济价值，还具备对生命加以指称的生态价值、科学价值、历史价值等。也就是说，除了人是价值主体外，其他生命形式也是价值的主体。但是，在具体的实践过程中，人类并未将自然界的其他生命形式视作平等，对这些生命形式给予关注和爱护，而是将其视作征服与改造的对象。

其次，自然界的系统进化与演化本身属于一个进步的过程。与人类社会一样，自然界也在不断进化与发展，这是客观的规律，并且不以人的意志为转移，但是可以被人不断的认识，也可以被人利用。在自然的变化中，自然物种优胜劣汰，呈现从无序到有序的变化，从低序到高序的增长，这就是自然文明。

最后，大自然的美丽景色从某一层面对自然文明的变化与发展加以反映。在生态系统中，生物群落与环境之间产生影响，进而不断推动生态系统的变迁，最终出现了功能各异、结构多样的生态系统，也造就了各式各样的景观，如各种地貌、海洋、森林、河川与湖泉等。

（三）生态文明的核心价值取向是人与自然和谐发展

一般来说，"和谐"指的是事物之间以及内部各要素之间的一种协调、稳定的状态。由于生态文明包含人与自然两大平等主体，是两大主体和谐的地球文明，因为生态文明的和谐关系就应该体现在人与自然的和谐、人与人的和谐、自然与自然的和谐上。

首先，自然与自然的和谐是整个生态文明的基础。换言之，整个自然生态系统的全体生物群落和它们所处的环境、彼此之间的关系是平衡、协调

---

① （美）霍尔斯顿·罗尔斯顿著；杨通进译.环境伦理学[M].北京：中国社会科学出版社，2000.

的，是有序发展的。自然与自然的和谐是生态文明和谐的前提，因为自然是人类赖以生存的基础，人类社会文明的产生都需要依靠自然生态系统，如果不存在这一系统，那么人类社会是不可能实现文明。

其次，人与人的和谐是生态文明的关键。其指的是人与人之间相互尊重、相互平等对待的状态。之所以说其是关键，是因为人是整体生物圈中的智慧生物，基于意识的支配，人类可以通过具体的实践对自然加以调节与改变，也可以处理人与人、人与自然的关系，如果人与人之间不是和谐的关系，必然导致其他关系的不和谐。例如，由于人类内部不和谐，导致战争的出现，战争必然会对生态系统带来危害，甚至杀伤性武器的使用导致很多生物物种灭绝的。因此，战争给整个生态系统带来的危害是显而易见的。

最后，人与自然的和谐是生态文明的终极目标。人与自然的和谐是人类社会系统与自然生态系统的和谐，即人在对自然适应和改造的过程中，与自然共同生存与发展，构建一种平衡、协调的状态。人与自然的和谐是依靠上述两个和谐的，但也不是上述两种和谐的简单相加，人与人的和谐、自然与自然的和谐虽然都各自实现了平衡与和谐，但是不能说人与自然就是和谐的，只有三者都是和谐的状态，才是真正的生态文明的和谐。

第二节　乡村旅游与生态环境耦合的动力效应机制

一、乡村旅游与农村生态环境的互动关系

我国的乡村旅游业与乡村生态环境发展本身就存在一定的矛盾。因为一个较好的农村自然环境要想得到真正的发展就必须要维持原状，农村比较好的自然生态环境也是我国旅游行业发展的一个大前提，只有良好的农村生态

环境才能够吸引更多的游客。一个良好的农村生态环境也是农村经济发展必不可少的前提条件，但是如果过度地发展乡村旅游行业，就必定会影响乡村的生态环境，一旦不能准确地把握，乡村的生态环境就会遭到严重的破坏。如果不发展乡村旅游行业，就无法充分地发挥出乡村生态资源的价值，无法真正发展经济。

也就是说，乡村旅游行业对于乡村的自然生态环境来说，有利有弊，既有好的一面，同时也有不好的一面，所以就要在这两者之间找一个平衡点，使我国乡村旅游行业既能够促进经济发展，又能很好地保护生态环境。

（一）良好的生态环境是乡村旅游发展的前提

众所周知，我国乡村旅游行业发展好的前提就是要有良好的生态环境。一般来说，乡村旅游行业的顾客来源于城市。城市居民的生活非常忙碌，所以乡村旅游让他们感受到宁静与温馨，让他们感受到城市生活中不曾有过的独特的乡村环境。一旦缺乏好的农村生态自然环境，我国乡村旅游的顾客就势必会减少，甚至会限制我国乡村旅游的发展。我国乡村旅游能够吸引到顾客的主要原因就是乡村与城市的环境不同，这些不同的地方吸引着城市居民来到乡村旅游。我国城市与乡村的不同主要体现在房屋建设、自然环境等方面，还有乡村文化与城市文化的不同。比如，湖北省荆州市有一个著名的乡村旅游景点桃花村是依靠自己独特的桃花资源而发展起来的乡村旅游典型。

同样，我国其他地区也利用独特的乡村资源使乡村旅游得到了很好的发展。所以，只有把良好的生态环境维持好，才能够发展好乡村旅游行业。

（二）乡村旅游能够帮助乡村生态环境质量提高

一般来说，我国乡村旅游行业发展中就有保护乡村生态环境的内在要求。乡村旅游行业的发展要依赖于乡村良好的生态环境，如果乡村生态环境没有得到很好地保护，那么势必会影响乡村旅游行业的发展。纵观乡村旅游目前的发展状况，旅游业的发展极大地带动了乡村地区的经济发展，因此，乡村的自然生态环境保护必须尽可能做到万无一失。当地政府应制定各种措施来保护当地的环境，维护当地的生态资源，加强乡村的绿化建设和管理。这样才能使我国乡村居民的生态环境质量得到明显地提升。此外，我国乡村旅游行业提高了当地政府和乡村居民的经济收入，乡村旅游行业生态环境越好，经济收入就会越高。

（三）乡村旅游给农村生态环境带来巨大的冲击

一般来说，我国开展旅游业的乡村一般不具备工业化条件，因此，能够凭借乡村生态环境来吸引到顾客。开展乡村旅游的地区大多处于一种天然的、基本上未被开发的状态。我国的乡村原生态环境和乡村居民的生活资源，都是一种比较敏感的自然资源。乡村旅游行业促使我国的生态旅游开发不自觉涉及了乡村中的生态环境敏感区，在一定程度上，也造成了我国生态旅游行业环境的退化。这也是我国乡村旅游行业只追求短期效益而不顾后续的可持续发展造成的后果。这种状况也会严重地破坏我国乡村自然环境，使原本的乡村自然环境承受能力超出原有的能力范围，与此同时，还会严重破坏我国乡村旅游行业资源。比如，乡村旅游行业中人流量过多，就会产生很多垃圾。这些都不同程度地影响了我国乡村环境和经济发展，同时也制约了我国乡村旅游行业的可持续发展。

（四）乡村旅游促进乡村经济结构改革

我国经济改革发展提倡乡村振兴，但很长时间以来，乡村的经济发展模式受地理位置与诸多因素的影响，乡村经济体系大部分以种植业、养殖业为主，产业结构过于单一，无法成规模性发展，很难带动当地的经济效益，大部分农作物种植、畜牧养殖都处于自产自销的模式。促进乡村振兴、加快农村产业结构调整的关键，就是促进农村产业转型。旅游业发展包容度极大，可以带动周围附加服务业关联性发展，当群众的基本生活需要得到满足就会去追求更丰富的精神文化生活，而旅游无疑是最放松的休闲模式。现如今，旅游模式已经逐渐从大众旅游转变为生态旅游，更多旅游概念倡导回归大自然，感受生态环境之美，旅游地点也逐渐从大城市向乡村拓展，而乡村旅游则是带动地方乡村经济改革发展的契机。

根据相关数据显示，城镇居民在空余时间旅游时，70%以上会选择在周边的乡村旅游。特别是较为发达城市的居民，外出旅游选择乡村旅游的人数占80%以上。中国地域辽阔，而农村覆盖了中国的70%以上的旅游资源，乡村旅游开发也同样是旅游业的改革方向。[①]乡村旅游的规模化发展有利于构建新型农村经济结构，带动当地经济发展，提高运输、商贸、文旅等多行业的共同进步，利用旅游业发展带动周边服务的优化升级，从而实现较高的经济效益。

三、制定科学战略促进我国乡村旅游与生态环境的良性发展

（一）促进乡村自然生态环境的保护

我国的乡村旅游行业发展依赖于乡村自然生态环境的良好发展，没有青山绿水就吸引不到顾客，增加不了经济收入。所以，乡村旅游行业的经营者必须看到保护乡村自然生态环境的必要性，关闭一些短期效益明显但是对生态环境破坏巨大的企业。在过去的经济发展中，往往是先发展经济后保护环境，但事实证明此发展战略对于乡村旅游来说是有失偏颇的。为促进乡村旅游业发展，加强对自然生态环境的保护尤为重要，政府等相关部门要充分意识到旅游资源的重要性，力争在保护环境的同时促进乡村经济的发展。

---

① 许丽.乡村旅游发展过程中乡土景观的开发与保护[J].安徽农业科学，2011，（9）.

（二）建立乡村文化旅游品牌

对于生态环境的保护，政府可以加强对村民的引导和支持力度，无论是在经济还是政策方面，只有得到国家的政策支持，乡村旅游行业才能更好地发展。具体来说，国家可以完善《环境法》等相关法律，规范我国乡村旅游中的民风民俗，指导农村合理使用化肥，改善农村的生活垃圾投放和处理方式，防止水源污染等。

政府也可以建立一系列更加完善的监测站，通过检测数据对乡村的生态环境进行实时监测和控制，一旦发现问题，就要及时采取有效的措施进行处理。

总体来说，乡村旅游发展与乡村生态环境保护之间的关系密不可分。只有具备良好的生态环境，才能够使乡村的旅游业得到可持续发展。如果过度发展乡村旅游业，就会使环境遭到破坏。所以要在发展旅游业的基础上，切实保护好我国乡村的生态环境，政府给予农民积极引导和政策支持，最终实现乡村旅游与生态环境的有机耦合，让乡村旅游在保护好生态环境的基础上，助推乡村经济的快速发展。

第三节　生态文明建设与乡村旅游可持续发展

一、乡村旅游可持续发展的现状

（一）政府监控和规划管理缺失

科学的管理规划可以使农村资源获取较好的经济效益，提升资源的利用率，确保乡村经济得到可持续性的建设和发展。但由于乡村旅游景区缺乏科学的管理和规划，导致旅游商品的研发与推广缺乏合理的指导，造成乡村旅游的管理混乱不堪，难以有效地形成系统、科学的发展格局，严重制约了乡村旅游产业健康发展。与此同时，部分乡村旅游的开发在资源整合与组织管理的过程中，存在较为明显的盲目性，导致行业内部难以有效地进行区分和协调，进而形成产品同质化严重的问题，极大地浪费了物力和人力，影响了乡村旅游市场的经济收益和社会效益。在管理层面，一些旅游监管部门缺乏科学指导意识，致使旅游产业发展处于散漫的经营状态，无法在相关政策法规的支持下，规范旅游市场，保护游客的基本权益。

（二）乡村旅游商品缺乏独特性

现阶段，我国乡村旅游的商品和服务模式一直停留在为游客观光提供旅游景观、农家住宿、风味餐饮层面上，没有将旅游产业发展重心集中到文化旅游、体验旅游上，并且旅游商品及服务也存在明显的同质化问题，产品内容、服务性质较为单一，譬如观光旅游主要以民俗体验、园林观光、赏花采果等项目为主，娱乐主要包括卡拉OK、洗浴、麻将、棋牌等项目。在挖掘民间风俗，提升游客体验，增加并创新娱乐项目的层面上，存在认识不到位，力度不够深的问题。有些旅游项目或服务的开发严重影响了当地的生态环境，影响了农业经济的可持续性发展，继而不利于乡村振兴战略的落实与发展。

（三）乡村旅游服务意识较为淡薄

优质服务是乡村旅游产业得到可持续发展的重要手段与关键内容，能够有效地帮助游客更好地感知并体验独特的乡村文化，使乡村经济得到快速的发展。乡村旅游是集娱乐、购物、住宿、餐饮为一体的新型服务产业，对服务质量有较高的要求。然而由于乡村旅游是以乡村为载体，服务人员都是受教育程度不高的乡村居民，以生态旅游和文化旅游为内容的旅游项目，服务人员普遍缺乏服务意识，无法为游客提供全方位的旅游服务。此外，乡村旅游业缺乏既懂管理、又懂规划的旅游人才，导致乡村旅游服务体系无法得到有效的提升和发展，进而制约了乡村旅游可持续发展。

二、推动乡村旅游可持续发展的对策

（一）进行有效、合理、科学规划

通常来讲，乡村旅游是生态旅游和体验旅游的综合体，制定科学的规划方案是推动乡村旅游发展的基本任务和主要内容，可以使乡村资源得到合理的整合与科学的利用，使其成为推动乡村振兴战略落实和发展的基本举措。因此，在科学、合理规划乡村旅游产业发展体系及格局的过程中，我国相关政府部门应因地制宜、突出乡村产业和旅游资源的发展优势，结合当地资源规划现状，做到科学、有效、合理的发展，进而在坚决杜绝过度开发和盲目开发的基础上，确保乡村旅游产业得到可持续发展。以四川雅安为例，当地政府部门结合乡村独特的人文和历史特色，从产业开发的角度出发，积极发掘和发展熊猫文化、茶文化及红色文化，以融入地方特色、文化因素的旅游商品为依托，最大限度地发挥乡村的旅游资源优势，促进并推动当地经济体系的快速发展。

（二）优化农村现有的产业结构

我国农村主要以农业生产为核心，第三产业比重较小，整体结构不够合理。虽然乡村旅游产业能够有效地推动运输业、手工业及农副产品制造业的发展，为乡村经济的多样化发展奠定基础，推动乡村经济的蓬勃发展，然而由于产业结构不尽合理，导致农业产业化、信息化发展的进程受到影响和制约，不利于乡村旅游产业的快速发展。因此推动旅游产业可持续性发展，就不能为发展旅游而发展旅游、为建设经济而建设经济，应将农业发展和乡村旅游融合起来，科学规划产业结构，调整资源配置，开发适应乡村发展的旅游产品或服务，以此满足乡村旅游的可持续发展诉求，提升旅游产品或服务的多样性，进而提高乡村居民的经济收入。除此之外，相关政府部门或旅游开发商应通过产业结构优化的方式，使当地文化、当地资源与旅游服务融合起来，创新乡村旅游的服务方式，提高旅游服务质量，促进乡村旅游的可持续发展。

（三）提升乡村旅游服务的质量

为促进并推动乡村旅游产业的快速发展，相关政府部门或旅游开发商首先应从培养的管理型、规划型、复合型人才角度出发，通过产学研或校企合作的方式，获取适应时代发展的优秀旅游专业人才；在日常管理中，还要通过定期培训的方式，培养和提升旅游人才，使其成为旅游产业快速发展的关键与核心。其次，要以管理人才、规划人才为指引，切实提升乡村居民的服务意识、服务理念和服务能力，从宏观到微观，从理论到具体，充分研究现代旅游产业的发展优势及弊端，制定出切实可行的方案，通过规划与管理，逐层地培养乡村居民、提升乡村居民，使其在实际的旅游服务中发挥价值、提升质量，增加自身的经济收益。

第四节　乡村旅游环境负责任行为研究

随着社会经济的不断发展，生态环保的旅游方式是近几年的旅游新潮。当人们的行为对环境呈积极影响时，这种行为就是环境负责任行为。所以，在生态旅游景区游玩时既要对自己的行为负责，也要对景区的环境负责。增强游客们的环保意识，改善生态环境，是实现旅游可持续发展的重要内容。游客的不文明行为会对资源环境造成破坏，如在景区的游览过程中游客会随手乱扔果皮纸削、矿泉水瓶、塑料袋等白色垃圾，此外，乱涂乱画、践踏草坪、违规照相等不文明行为也随处可见。我国的乡村旅游行业发展依赖于乡村自然生态环境的良好发展，生态环境的保护和可持续利用离不开游客的环保意识和负责任行为。

　　南京老山国家森林公园位于南京城的北郊，横跨整个江浦境内。自古就被称为"南京绿肺、江北明珠"，占地总面积80平方公里，森林覆盖率高达85%，是江苏省最大的国家级别的森林公园，也是江苏省各大高校举行科学普及教育、环境教育的基地。以南京老山国家森林公园为案例地，调查分析游客所掌握的环境知识、对环境的态度以及游客对景区的情感等因素与环境负责任行为的关系，争取为森林公园生态旅游的可持续发展提供新的思维。

一、游客环境负责任行为的界定及其影响因素

（一）游客环境负责行为

　　对环境负责任行为解释，学术界的研究者们给出了不同的界定。亨格福德、佩顿和威尔克把环境负责任行为理解为一种变相的消费行为、一种政治行为、一种法律行为和一种多样化的生态管理体系。外国学者科斯塔则把环境行为诠释为一种法律行动、经济的行动、一种亲力亲为的行动。斯特恩将环境负责的行为认为是一种公共领域的激进环保行为，在公共领域的攻击性行为，而在私营部门的非攻击性行为。国外学者瓦斯克（Vaske）和科宾（Kobrin）研究认为：当个体或群体的行为能够促进或有利于自然资源可持续发展时，这种行为就被认为是对环境负责任的行为。[1]高静等学者在对游客的环境态度与行为的研究中，将游客"不随手乱扔垃圾""劝阻不文明的行为"列入环境负责任的行为中，并且通过研究得出实质性的结果。湖北经济学院（旅游与酒店管理学院）邓祖涛、梁滨，毛焱环研究认为：环境负责

---

① Stern P. C. Toward a coherent theory of environmentally significant behavior[J]. *Journal of Social Issues*，2000，（56）.

任行为是指既能进行可持续发展又能减少资源浪费的行动①。暨南大学学者蒋璐研究认为：游客环境负责任行为是指游客在景区游览的过程之中不给景区带来负面影响，与此同时还能促进可持续发展②。综合来看，游客环境负责行为是指游客主动减少对自然资源的利用，促进自然资源可持续利用的行为。游客的自觉环境行为会是一种很重要的"资产"，所以对那些能够自觉产生环保行为的游客多多给予支持和鼓励除了能够大大降低生态旅游景区的环境破坏，还能够更好地解决生态旅游发展过程中的问题。

（二）影响环境负责任行为的因素

（1）环境负责任行为的影响最直接是游客的环境敏感度和场所依恋程度，虽然环境知识对游客环境责任行为的影响最直接，但不显著。环境敏感度与地方依附性是影响旅游环境负责任行为的重要因素。

（2）环境知识在某种程度上是通过环境敏感度和地方依附间接影响环境责任行为。环境敏感度和地方依恋对环境责任和环境知识起重要作用。

环境对环境行为有直接和积极的影响。现在的研究已经证明，情境因素对人们的环境行为有较大的影响，但目前（偏置）的研究对象为中国国内的游客，所以相关结论需要以国内游客为主体的进行进一步验证。

游客对环境保护的态度与发展责任有直接关系。这就假定游客对环境保护和发展负有强烈的责任感，责任心越强，对环境行为的认知越强。

综上研究表明，为了有良好的生态环境，自然界中的生态旅游资源能够可持续发展，旅游景区积极营造的正面影响，减少负面影响。因此，需要对负责任的旅游行为加以支持和鼓励。图9–1为环境负责任行为影响的关系图。

---

① 邓祖涛，梁滨，毛焱.湿地游客环境负责任行为研究；以武汉东湖为例[J].旅游论坛.2014，（6）.
② 蒋璐.湿地景区旅游体验、游客涉入与环境责任行为关系研究[D].暨南大学，2015，（9）.

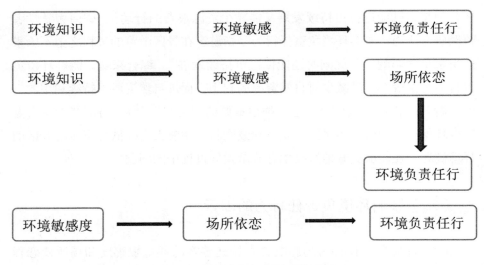

图9-1 环境负责任行为影响的关系图

二、南京老山国家森林公园游客负责任行为实证分析

（一）问卷设计与调查

调查问卷包括游客的基本信息和四个与环境负责任行为相关的问题，总共分为5部分内容：第一部分为老山景区中游客的基本信息调查，包括性别、年龄、职业、文化程度、年收入、来源地；第二部分为老山国家森林公园生态环境知识题，对游客环境知识掌握程度做了简单的调查，共7个小问题；第三部分为游客对老山国家森林公园所持有的态度，针对游客对环境的敏感行为做了简单的调查，共计4个小问题；第四部分是游客对老山景区的看法，针对游客对老山景区所持有的个人情感以及对景区的依赖程度做了调查，共计5个小问题；第五部分是游客的负责任行为研究，研究游客有哪些环境负责任行为，共计5个小问题。问卷调查采取打分形式，非常不同意1分，不同意2分，一般3分，同意4分，非常同意5分。

表9-1　南京老山国家森林公园游客环境负责任行为调查问卷

第一部分	基本信息	性别、年龄、职业、文化程度、年收入、来源地
第二部分	老山国家森林公园生态环境知识掌握情况	为了旅游景区的可持续发展我们要维护生态平衡
		为了下一代，我们应该保护好老山景区自然资源
		广泛地开发景区自然资源会导致其资源枯竭
		过度的旅游开发会导致老山的自然资源和环境的破坏
		各类机动车排放出的尾气会导致老山国家森林公园里空气质量降低
		旅程中使用绿色餐具，如碗、筷，能避免对老山自然环境的损害
		乘公共交通或骑自行车能避免老山森林公园环境污染
第三部分	对老山国家森林公园的态度	我很享受老山景区的自然环境
		我很注重老山景区的生态保护
		我很满意老山景区的自然环境
		我很在意我的生活习惯对老山景区环境造成的影响
第四部分	对老山国家森林公园的情感因素	老山的旅游对我是很有意义的
		对于老山景区我有强烈的归属感
		来老山旅游比到其他地方旅游更让我感到满意
		没有其他的旅游地能替代老山旅游地
		我对老山这个地方有特殊的情感
第五部分	游客的环境负责任行为	在景区内看到有掉在地上的垃圾是否会主动捡起
		附近没有垃圾箱的时候会如何处理手头的垃圾
		看到景区有人乱扔垃圾或者是有其他破坏景区环境卫生的行为会怎么做
		对制定法律法规来应对破坏景区环境卫生的行为进行约束和惩罚有何意见
		当下旅游发展现状，是否需要大力倡导负责任旅游

数据采集的地点是南京老山国家森林公园，调查时间为2016年12月8日—12月22日，共发放问卷210份，实际收回有效问卷196份，有效回收率为93.3%。问卷调查的人口特征详见表9-2。从调查样本的性别看，男女比例分别为40.95%和59.05%，女性被访者偏多。从年龄来看，南京老山国家森林公园的游客主要集中在中青年。后期可以加强对老年群体的宣传。从受教育程度看，多数受访者为本科学历，比例达到48.57%；其次是大专学历占24.29%；高中或中专占17.62%；初中及以下占5.24%；硕士及以上数量最少，为4.29%。由此可见本科和专科层次的游客是南京老山国家森林公园的主要群体，这也表明文化程度也是影响人们出游的一个因素，文化程度不高，收入就不高，参与旅游的机会就会少。而游客的受教育程度越高，环境负责任行为产生的概率就越大。所以说，游客的环境负责任行为与教育程度有关。从职业看，学生比例最高，由此可见，景区的游客主要集中在学生、企事业单位人员及销售人员。从月收入水平看，4001元～6000元受访者人数最多，占37.14%；其次是2000元以下，占27.62%；2001元～4000元，6001元～8000元分别占20%和11.9%；8000元以上最少，仅占3.33%。

表9-2　样本特征描述

统计变量	分类项目	频次	百分比（%）
性别	男	86	40.95%
	女	124	59.05%
年龄	20岁以下	18	8.57%
	20岁～35岁	89	42.38%
	36岁～45岁	45	21.43%
	46岁～55岁	37	17.62%
	56岁～65岁	17	8.1%
	65岁以上	4	1.9%
学历	初中及以下	11	5.24%
	高中、中专	37	17.62%
	大专	51	24.29%
	本科	102	48.57%
	硕士及以上	9	4.29%

续表

统计变量	分类项目	频次	百分比（%）
职业	政府公务员	7	3.33%
	企事业单位工作人员	36	17.14%
	专业文教科技人员	31	14.76%
	服务/销售人员	35	16.67%
	自由职业者	15	7.14%
	离退休人员	14	6.67%
	学生	60	28.51%
	其他	12	5.71%
月收入	2000元以下	58	27.62%
	2001元～4000元	42	20%
	4001元～6000元	78	37.14%
	6001元～8000元	25	11.9%
	8000元以上	7	3.33%

从表9-3中可以看出，前往南京老山国家森林公园游玩的江苏省内游客居多，出游频率也较多，其次是临近江苏省的安徽省的游客。

根据图9-2分析，58.1%的游客是第一次来访南京老山国家森林公园，41.9%的游客已经是多次来访南京老山国家森林公园。结合表9-3和图9-2来看，多次来访南京老山国家森林公园的游客为江苏境内的居多。

表9-3 调查对象来源地

分类项目	频次	百分比
江苏省	128	62.7%
安徽省	44	21.5%
上海市	11	5.3%
浙江省	8	3.9%
四川省	4	1.9%

续表

分类项目	频次	百分比
贵州省	3	1.4%
江西省	2	0.98%
北京市	1	0.49%
湖北省	1	0.49%
湖南省	1	0.49%
山东省	1	0.49%

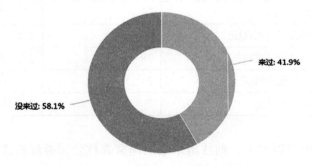

图9-2　游客以前是否来过南京老山国家森林公园

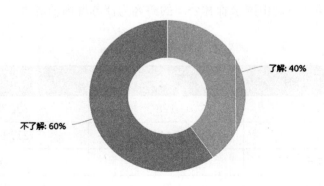

图9-3　游客是否了解生态旅游

根据图9-3显示，对于生态旅游了解的游客占40%，不了解生态旅游的游客占60%。结合表9-2中游客的教育程度的分析，可以得出文化教育较高的游客对于生态旅游的了解会相对多一点。而游客对生态旅游的了解程度决定着游客是否会对环境产生负责任行为。

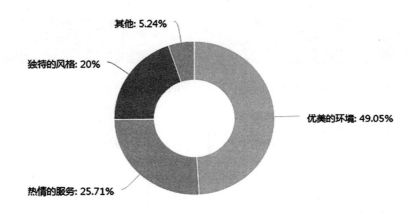

图9-4　景区吸引游客的是什么

根据图9-4分析得出，注重景区环境的游客占的比例最大，约49.05%。因此，注重景区环境的游客往往对于生态环境以及环境知识的了解会多，他们的环境负责任行为的产生概率会更大。

（二）游客负责任行为分析

1. 游客环境知识掌握程度分析

通过简单统计游客对环境知识的掌握情况如表9-4所示，人类进行生产和活动时需要一个较好的环境，环境也是人类生存和发展的物质基础。随着人们逐渐认识到人类活动会对生态环境产生各种影响，游客们意识到环境保护对旅游景区的重要性，并总结出解决这些问题的方法与措施。

环境知识虽然对游客的环境负责任行为产生影响但是并不显著。根据图

9-4的数据显示，虽然大部分游客懂得环境保护的重要性，也知道过度的开发或不环保的旅游行为会给南京老山国家森林公园景区的环境造成破坏。但由于游客的属性是多种多样的，即使游客拥有较多的环境知识，也不能很明显地表现出来。

表9-4　老山国家森林公园生态环境知识掌握情况

题目\选项	非常不同意（%）	不同意（%）	一般（%）	同意（%）	非常同意（%）
为了旅游景区的可持续发展我们要维护生态平衡	2.38%	2.38%	26.19%	35.71%	33.33%
为了下一代，我们应该保护好老山景区自然资源	2.38%	1.9%	25.71%	34.76%	35.24%
广泛地开发景区自然资源会导致其资源枯竭	2.86%	2.38%	27.14%	37.14%	30.48%
过度的旅游开发会导致老山的自然资源和环境的破坏	2.86%	1.9%	24.76%	36.19%	34.29%
各类机动车排放出的尾气会导致老山国家森林公园里空气质量降低	2.86%	1.43%	27.14%	36.19%	32.38%
旅程中使用绿色餐具，如碗、筷，能避免对老山自然环境的损害	2.86%	2.86%	27.62%	37.62%	29.05%
乘公共交通或骑自行车能避免老山森林公园环境污染	2.86%	2.38%	27.62%	37.14%	30%

2.对南京老山国家森林公园所持态度分析

针对游客对南京老山国家森林公园所持有的态度，做出如下分析，见表9-5，从表中可以看出当游客拥有较多的环境知识时，他们对环境的关注会变得很强烈。可见，环境知识的掌握对环境敏感度的产生具有显著的效用。

虽然图表中显示大多数游客对环境关注的问题所持有的态度一般，但是在对待生态环境保护方面，掌握较多生态环境知识的游客更愿意享受自然以及生态环境，而且更有可能去更好的关注生态环境问题，他们很在意自身的一些不好的生活习性会对环境造成什么不好的影响，这一类人对于环境的问题表现较为敏感。

表9-5　对老山国家森林公园所持有的态度

题目\选项	非常不同意（%）	不同意（%）	一般（%）	同意（%）	非常同意（%）
我很享受老山景区的自然环境	1.9%	3.81%	38.1%	34.29%	21.9%
我很注重老山景区的生态保护	1.9%	2.38%	39.05%	34.29%	22.38%
我很满意老山景区的自然环境	1.43%	4.76%	38.1%	33.81%	21.9%
我很在意我的生活习惯对老山景区环境造成的影响	1.9%	3.81%	40.95%	31.43%	21.9%

3. 对南京老山国家森林公园情感因素分析

针对游客对于南京老山国家森林公园情感因素分析如下，从表9-6中可以看出，游客对于景区的态度还是相当可观的，大多数游客对于南京老山国家森林公园景区的情感在一定程度上还是较为深厚的，他们很在意南京老山国家森林公园，纵观表9-6可以看出游客对于南京老山国家森林公园是具有较强的地方依恋感情的。而从表9-3中可以看出，将近2/3的游客来自江苏省境内，南京老山国家森林公园是江苏省最大的国家级别的森林公园，也是江苏省各大高校举行科学普及教育、环境教育的基地。所以他们对于老山这个地方的感情还是较为深厚的，当游客对老山景区的环境表现出强烈的敏感度的时候，他们对老山景区的情感和场所依恋程度也会相对增强，此时他们就会选择南京老山国家森林公园去游玩，而不是其他的旅游景区。因为南京老山国家森林公园能给他带来快乐和享受。

续表

表9-6 对南京老山国家森林公园的情感因素

题目\选项	非常不同意（%）	不同意（%）	一般（%）	同意（%）	非常同意（%）
老山的旅游对我是很有意义的	3.33%	13.33%	36.19%	28.57%	18.57%
对于老山景区我有强烈的归属感	2.86%	16.67%	39.05%	24.29%	17.14%
来老山旅游比到其他地方旅游更让我感到满意	3.81%	16.19%	38.1%	25.71%	16.19%
没有其他的旅游地能替代老山旅游地	4.29%	16.19%	39.52%	26.19%	13.81%
我对老山这个地方有特殊的情感	4.76%	14.29%	41.43%	25.24%	14.29%

4. 游客负责任行为分析

从图9-5中可以看出在旅游景区，游客们对于环境的态度是积极向上的，约42.38%的人愿意将景区内的垃圾捡起，虽然目的不太明确的游客占35.71%，但是他们可能是潜在的环境保护者。

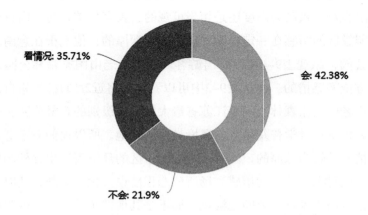

图9-5 在景区内看到有掉在地上的垃圾是否会主动捡起

从图9-6中看出景区内约50.95%的游客会将手头的垃圾扔到垃圾桶，这类游客生态环保意识较强，环境保护意识也较强。其余41.43%的游客是根据当时的情况来处理手头上的垃圾，在他们中间可能占有一部分人对于生态环境是起到保护作用的。

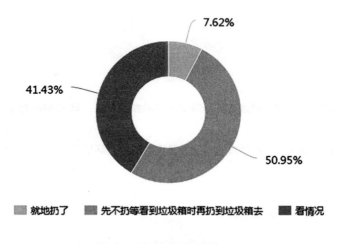

图9-6　当附近没有垃圾箱的时候你是怎样处理手头的垃圾

　　从图9-7中看出对于景区有人乱扔垃圾的行为，一半以上游客的态度表示为不予理会，剩余一半的游客在对于破坏景区环境的问题所持有的态度是强烈的，他们愿意通过最直接的手段去劝告环境破坏者，游客们的环境道德行为虽然对景区生态环境的保护影响不大，但是也有一定的联系，这就说明人们的道德观对生态环境的保护有一定的约束力。

　　从图9-8中所反映的数据可以看出，来景区游玩的游客都大力支持发展负责任旅游。

　　结合图9-5至图9-7我们可以看出，游客的环境负责任行为表现为在景区内不随意乱丢垃圾、会主动捡起景区内其他游人丢弃的垃圾以及会劝导他人要保护环境卫生。

　　综上所述，游客环境负责任行为的产生受到了年龄、教育程度的影响。而游客对于生态环境知识的了解程度及游客对于景区的情感因素也极大的影响了环境负责任行为的产生。

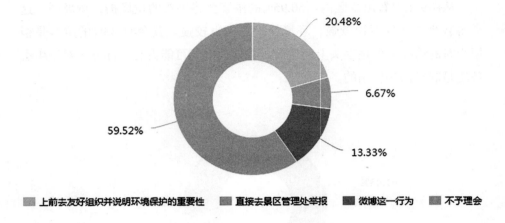

图9-7　看到景区有人乱扔垃圾或者有其他破坏景区环境卫生的行为你会怎么做

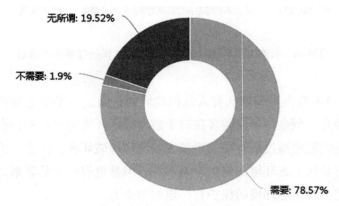

图9-8　是否需要大力倡导负责任旅游

（三）游客环境负责任行为的特征

　　游客的环境负责任行为也是一种变相的旅游消费过程，不仅仅是一种表面上的观赏风景，而是更为深度的旅游。

　　而对于掌握生态环境知识较多、生态意识较强的游客，他们就会具有律己、律他两方面的行为特征。根据图9-9、图9-10、图9-11和图9-12分析得出。

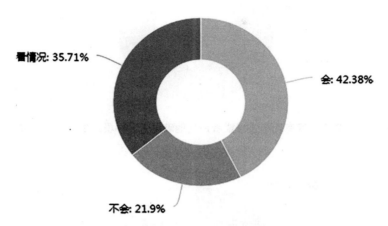

图9-9　在景区内看到有掉在地上的垃圾是否会会主动捡起

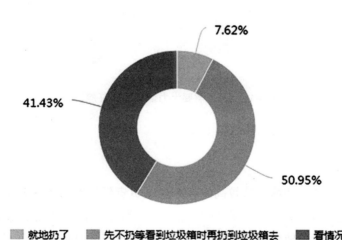

图9-10　当附近没有垃圾箱的时候你是怎样处理手头的垃圾

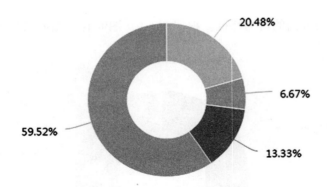

图9-11　看到景区有乱扔垃圾或者是其他破坏景区环境卫生的行为你会如何

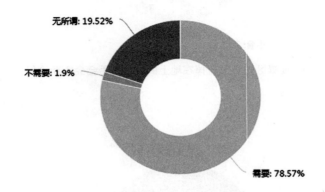

图9-12　是否需要大力倡导负责任旅游

1. 律己

对旅游景区的环境保持较高的警觉性是负责任游客行为最基本要求。由于游客在旅游景区的逗留的时间是短暂的，所以常常会使游客放松行为约束，加上游客对异地生活有着陌生感，会忽略自己的某些行为会对旅游景区环境造成影响。

因此，能自我约束的游客往往会注重在旅游景区的一些小细节。他们会主动捡起景区内的垃圾，会妥善处理自己手头上的垃圾。对于景区的环境卫生会保持一个较高的警觉性。

2. 律他

对生态环保知识掌握较多的旅客，并且注重生态旅游景区环境保护的旅客，他们在严于律己的同时也严格要求他人注重生态旅游景区环境的保护。这一类人在景区内看见有破坏环境的行为时，他们会主动劝说、向景区管理处举报以及会通过公众的平台去告诫他人环境保护的重要性。他们往往更在意当下旅游的发展，并且希望负责任的旅游能够得到大力地发展。

（四）管理对策与建议

1. 景区游客行为规范的制定

（1）加强对旅游景区员工环保知识的教育

景区积极组织环保教育工作，并让员工投入其中，从自身做起。因为游客的环境负责任行为的产生，往往需要外界的引导，正所谓言传身教。

（2）通过完善的制度及国家的法律体系对景区游客的行为进行管理

例如，在生态旅游景区随手乱丢垃圾的游客，要对他们进行处罚。在景区较为醒目的地段要写警示标语牌，提醒广大游客要注意景区内的环境卫生。我国也曾颁布过《中国公民旅游行为公约》等公约，但是真正实施起来还是较为困难的，因为游客不能完全接受这种处罚。

（3）采取有效的游客行为管理措施

在景区内，对于游客不负责任的行为要有高度的认知，这种不文明的行为应该引起高度的重视，对于游客这种行为要进行正确的引导和管理，让游客也积极加入景区的管理工作中。目前国内外的大部分景区都会有一些从社会上招聘的志愿者。所以景区可以通过向社会公开招募志愿者，通过志愿者自身的行为为其他游客树立榜样。

（4）加强对景区周围的居民的环保教育

为了保持景区的原汁原味原生态，我国许多旅游区附近的居民并未搬走。他们有时会随手将生活垃圾乱丢，这样会严重破坏自然环境。所以加强对景区周边居民的环保教育很重要。

2. 景区游客行为的引导方式

（1）采用多种方式宣传

景区最传统的方式就是设置警示标语牌，所以对游客环保教育的途径还要不断创新。如微信扫码关注环保知识课堂、微博发布环保小视频等。从教育的形式和内容上增强游客的环境保护意识，规范游客环保行为。

（2）通过名人效应

利用人们的从众心理，可以通过明星和一些社会地位较高的人士来对环境负责任行为进行推广，规范游客的环境负责任行为。

（3）提高对游客服务的质量

加强教育工作，提升景区服务人员自身的素质。确保景区的服务质量，提高游客对景区的满意度，升华游客对景区的感情，从而自觉的保护景区的生态环境。

（4）加强与完善旅游景区的服务设施

落实好景区内警示性标语、垃圾桶的设立，做好景区环境保护工作，杜绝一切隐患。

（5）完善政策类型

通过一些活动，如在景区内进行环保工作换景区年卡、景区内清理垃圾换门票等实质性的奖励，使游客通过自身的努力换一些实质性的东西，激励游客积极参与环保活动。

此外，对于游客的不文明行为也要采取相应的处罚措施，将环境负责任行为变成一种常见的行为。

3. 开展环境负责任行为宣传和教育

（1）增强游客对景区的敏感度与关注度

南京老山国家森林公园位于南京城的北郊，横跨整个江浦，自古就被称为"南京绿肺、江北明珠"。景区的管理机构可以定期拍摄一些有关景区的照片，让游客感受景区的美景，另外再拍摄一些由于游客的不文明行为导致景区环境破坏严重的图片，让游客关注环境，忏悔自身行为。

（2）培养游客对景区的情感

一般来说，对旅游区有特殊感受的游客对景区会有强烈的情感认同感。他们不会破坏环境，甚至说服他们的朋友要保护景区的环境。景区可以定期向社会招收一些志愿者，例如南京中山陵每年都有许多志愿讲解员，节假日期间帮景区疏导游客、维持秩序。通过这样的方式增强游客对景区的认同，无形中使游客产生负责任行为。

（3）让游客更多地了解生态环境保护知识

一方面，我们将以大众传媒、网站、展览等形式进行宣传教育。另一方面，培训服务人员和管理人员，对来访南京老山国家森林公园的游客进行进一步的环保知识教育。

参考文献

[1]（美）霍尔斯顿·罗尔斯顿著，杨通进译.环境伦理学[M].北京：中国社会科学出版社，2000.

[2] 北京巅峰智业旅游文化创意股份有限公司课题组.图解乡村振兴战略与旅游实践[M].北京：旅游教育出版社，2018.

[3] 代改珍.乡村振兴规划与运营[M].北京：中国旅游出版社，2018.

[4] 冯年华.乡村旅游文化学[M].北京：经济科学出版社，2011.

[5] 干永福，刘锋.乡村旅游概论[M].北京：中国旅游出版社，2017.

[6] 姜长云.乡村振兴战略：理论、政策和规划研究[M].北京：中国财政经济出版社，2018.

[7] 孔祥智.乡村振兴的九个维度[M].广州：广东人民出版社，2018.

[8] 李海平，张安民.乡村旅游服务与管理[M].杭州：浙江大学出版社，2011.

[9] 李军.新时代乡村旅游研究[M].成都：四川人民出版社，2018.

[10] 李蕾蕾.旅游目的地形象策划；理论与实务[M].广东：广东出版社，2006.

[11] 刘光.乡村旅游发展研究[M].青岛：中国海洋大学出版社，2016.

[12] 卢云亭，王建军.生态旅游学[M].北京：旅游教育出版社，2001.

[13] 陆素洁.如何开发乡村旅游[M].北京：中国旅游出版社，2007.

[14] 罗凯.美丽乡村之农业旅游[M].北京：中国农业出版社，2017.

[15] 骆高远.休闲农业与乡村旅游[M].杭州：浙江大学出版社，2016.

[16] 潘岳.论社会主义生态文明[N].中国经济时报，2006-09-28.

[17] 孙景淼等.乡村振兴战略[M].杭州：浙江人民出版社，2018.

[18] 王昆欣.旅游景区服务与管理[M].北京：旅游教育出版社，2009.

[19] 夏林根.乡村旅游概论[M].上海：东方出版中心，2007.

[20] 夏学英，刘兴双.新农村建设视阈下乡村旅游研究[M].北京：中国社会科学出版社，2014.

[21] 熊金银.乡村旅游开发研究与实践案例[M].成都：四川大学出版社，2013.

[22] 徐丁，李瑞雪，武建丽.休闲农业与乡村旅游[M].北京：中国农业科学技术出版社，2018.

[23] 杨桂华.生态旅游景区开发[M].北京：科学出版社，2004.

[24] 于永福，刘锋.乡村旅游概论[M].北京：中国旅游出版社，2017.

[25] 余守文，王俊勇.乡村旅游开发与经营[M].北京：科学普及出版社，2013.

[26] 张建萍.生态旅游[M].北京：中国旅游出版社，2008.

[27] 张凌云.旅游景区管理[M].北京：旅游教育出版社，2009.

[28] 张述林.乡村旅游发展规划研究：理论与实践[M].北京：科学出版社，2014.

[29] 张勇.《乡村振兴战略规划（2018—2022年）》辅导读本[M].北京：中国计划出版社，2018.

[30] 赵黎明等.旅游景区管理学[M].天津：南开大学出版社，2003.

[31] 郑莹，何艳琳.乡村旅游开发与设计[M].北京：化学工业出版社，2018.

[32] 朱伟.乡村旅游理论与实践[M].北京：中国农业科学技术出版社，2014.

[33] 丛明光.威海市文登区乡村旅游市场结构及优化配置分析[D].烟台：烟台大学，2020.

[34] 冯翠.基于行动者网络理论的胶州湾海岸带旅游开发与保护研究[D].青岛：青岛大学，2016.

[35] 胡抚生.旅游目的地形象对游客推荐意愿、支付意愿的影响研究[D].杭州：浙江大学，2009.

[36] 蒋璐.湿地景区旅游体验、游客涉入与环境责任行为关系研究[D].广州：暨南大学，2015.

[37] 刘慧.新化县乡村旅游吸引力研究[D].长沙：中南林业科技大学，2018.

[38] 王蔚.太平洋国际旅行社贵州乡村游营销策略研究[D].贵阳：贵州师范大学，2020.

[39] 吴必虎，徐斌，扶东.中国国内旅游客源市场系统研究[D].上海：华东师范大学出版社，1999.

[40] 谢元.基于行动者网络理论视角下的村支书乡村治理研究——以苏南阳县花山片区为例[D].南京：南京大学，2018.

[41] 徐蔚伟.媒介选择与旅游目的地形象传播[D].上海：复旦大学，2013.

[42] 徐阳.体验视角下乡村景区旅游吸引力提升研究[D].郑州：河南师范大学，2017.

[43] 张琪.山西省乡村旅游高质量发展研究[D].太原：山西财经大学，2020.

[44] 张铮.都江堰柳街镇乡村旅游资源空间分布特征与整合开发[D].成都：成都理工大学，2020.

[45] 朱令.南通市通州区乡村旅游发展现状分析及对策建议[D].苏州：苏州大学，2020.

[46] 安宇，张玲.江苏民俗文化旅游资源开发与设计——以淮安市为例[J].文化创新比较研究，2019，（33）.

[47] 车裕斌.区域旅游系统吸引力模型研究[J].资源开发与市场，2020，（3）.

[48] 陈金宇.基于游客真实性感知的雪乡旅游吸引力研究[J].对外经贸，2020，（9）.

[49] 陈晔，李天元，赵帆.目的地网络界面对旅游者体验及品牌形象的影响[J].旅游学刊，2014，（10）.

[50] 仇保兴.灾后重建的问题、方针和策略[J].中华建设，2008，（7）.

[51] 楚义芳.旅游地开发评价研究[J].地理学报，1991，（4）.

[52] 崔勇前.山西省乡村旅游资源开发与产业发展策略探析[J].中国农业资源与区划，2018，（10）.

[53] 戴卓、李勉.休闲观光农业园旅游吸引力研究—以孝感市金卉庄园

为例[J].农村经济与科技，2020，（2）.

[54] 单福彬，周静，李馨.乡村文化旅游吸引力的多层次评价——以辽宁赫图阿拉村为例[J].干旱区资源与环境，2017，（12）.

[55] 邓祖涛，梁滨，毛焱.湿地游客环境负责任行为研究；以武汉东湖为例[J].旅游论坛，2014，（6）.

[56] 冯淑华，沙润.乡村旅游的乡村性测评模型——以江西婺源为例[J].地理研究，2007，（3）.

[57] 付娜.发达国家城乡一体化经验对中国进一步城乡统筹发展的启示研究[J].世界农业，2014，（8）.

[58] 高静，洪文艺等.自然保护区游客环境态度与行为初步研究——以鄱阳湖国家级自然保护区为例[J].经济地理，2009，（11）.

[59] 何璇.文旅融合与乡村振兴衔接问题研究[J].中国行政管理，2021，（5）.

[60] 胡华.中国游客不文明行为归类及归因研究[J].生态经济，2014，（7）.

[61] 胡明.搞好乡村旅游业，迎接城市休闲人——谈搞好乡村旅游业须遵守的几条原则[J].新余高专学报，2007，（2）.

[62] 姜沛珊，贺小荣. 基于游客体验的哈尔滨冰雪旅游吸引力研究[J].价值工程，2016，（11）.

[63] 雷俊霞. 中国民俗旅游发展趋势研究[J].旅游纵览（下半月），2014，（12）.

[64] 李宏.对旅游目的地形象概念的两种理解[J].旅游学刊，2006，（6）.

[65] 李蕾蕾.城市旅游形象设计探讨[J].旅游学刊，1998，（1）.

[66] 李萌，何春萍.游客不文明旅游行为初探[J].北京第二外国语学院学报，2002，（1）.

[67] 李鹏.浅谈农家乐的建设发展模式[J].武汉园林建筑规划设计院，2005，（4）.

[68] 李文兵. 古村落游客忠诚模型研究——基于游客感知价值及其维度视角[J].地理研究，2011，（1）.

[69] 廖卫华.旅游地形象构成与测量方法[J].江苏商论，2005，（1）.

[70] 刘慧芳，杨旺生，王宇. 国内旅游吸引力研究进展与展望[J].乐山师

范学院学报，2016，（5）.

[71] 明庆忠，李宏，武友德.生态旅游的环境影响评价初步研究[J].云南师范大学学报（自然科学版），2001，（1）.

[72] 潘莉.我国山岳型旅游地的品牌个性对应分析[J].四川师范大学学报（社会科学版），2018，（2）.

[73] 潘颖颖.浙江民宿发展面临的困难及解析——基于西塘的民宿旅游[J].生产力研究，2013，（3）.

[74] 彭华，周婷婷.丹霞山旅游形象调查及问题诊断[J].中山大学研究生学刊，2004，（4）.

[75] 祁秋寅，张捷，杨旸等.自然遗产地游客环境态度与环境行为倾向研究；以九寨沟为例[J].旅游学刊，2009，（11）.

[76] 邵文萍.浅论民俗文化旅游的可持续发展[J].中国科技博览，2008，（22）.

[77] 佘升翔，李根，杨帆.旅游目的地形象对游客满意度和忠诚度的影响研究——以桂林市为例[J].广西社会科学，2016，（10）.

[78] 石培基，李先锋.旅游形象传播研究[J].西南民族大学学报（人文社科版），2006，（8）.

[79] 史灿.特色小镇旅游目的地形象与游客满意度、忠诚度关系研究——以雄安新区周边特色小镇为例[J].河北企业，2018，（5）.

[80] 史春云，张捷，尤海梅.游客感知视角下的旅游地竞争力结构方程模型[J].地理研究，2008，（3）.

[81] 唐丽静.国外城乡统筹发展的启示[J].山东国土资源，2014，（3）.

[82] 田喜洲.论农家乐旅游经济[J].农村经济，2002，（11）.

[83] 王纯阳，屈海林.旅游动机、目的地形象与旅游者期望[J].旅游学刊，2013，（6）.

[84] 王显成.我国乡村旅游中民宿发展状况与对策研究[J].乐山师范学院学报，2009，（6）.

[85] 文向明."农家乐"与生态环境建设[J].云南环境科学，2003（3）.

[86] 吴必虎，宋治清.一种区域旅游形象分析的技术程序[J].经济地理，2001，（4）.

[87] 吴晶，马耀峰，郑鹏等.游客感知与旅游地形象、满意度和忠诚度的关系研究——以西安为例[J].旅游论坛，2011，（4）.

[88] 吴晶、马耀峰、郑鹏.游客感知与旅游地形象、满意度和忠诚度的关系研究——以西安为例[J].旅游论坛，2011，（4）.

[89] 吴倩妮.我国农家乐旅游的现状和发展对策[J].长江大学学报，2006，（3）.

[90] 许丽.乡村旅游发展过程中乡土景观的开发与保护[J].安徽农业科学，2011，（9）.

[91] 许咏媚、张何清、王蕾蕾、香嘉豪、郑雪霏.基于IPA方法的肇兴侗寨旅游吸引力评价研究[J].经济论坛，2018，（6）.

[92] 杨宏烈.历史文化名城建筑风貌特色的传承与创新[J].中国名城，2011，（2）.

[93] 杨丽.我国家庭旅馆开发初探[J].经济问题探索，2001，（10）.

[94] 袁定明.论农家乐旅游及可持续发展[J].经济与科技，1998，（2）.

[95] 张春晖，白凯.乡村旅游地品牌个性与游客忠诚：以场所依赖为中介变量[J].旅游学刊，2011，（2）.

[96] 张大玉.传统村落风貌特色保护传承与再生研究——以北京密云古北水镇民宿区为例[J].北京建筑大学学报，2014，（3）.

[97] 张卫宁，李保峰.普通旅馆客房改造设计初探[J].华中建筑，1998，（2）.

[98] 郑光豹.规模"农家乐的营运模式研究[J].阿坝师范高等专科学校学报，2008，（2）.

[99] 郑光复.风景区的美学问题[J].建筑师，1984，（19）.

[100] 郑忻.山地风景区的建筑空间组织[J].建筑师，1987，（S2）.

[101] 周艳.探讨中国内地原生民宿存在的问题及解决方法[J].华章，2012，（29）.

[102] 周永博，程德年，胡昕，魏向东.生活方式型旅游目的地品牌个性建构——基于苏州古城案例的混合方法研究[J].旅游学刊，2016，（7）.

[103] 朱华丽.加快提升乡村治理智能化水平[J].当代广西，2019，（11）.

[104] 朱锦.南京杨柳村古村落保护与开发研究[J].美与时代（城市版），

2018，（12）．

[105] 邹统钎.中国乡村旅游发展模式研究——成都农家乐与北京民宿村的比较与对策分析[J].旅游学刊，2005，（3）．

[106] Stern P. C. Toward a coherent theory of environmentally significant behavior[J].*Journal of Social Issues*，2000，（3）．

[107] Balogu S M K W.A mode of destination image formation[J].*Annals of Tourism Research*，1999，（4）．

[108] Barkauskas V，Barkauskien K，Jasinskas E. Analysis of Macro Environmental Factors Influencing the Development of Rural Tourism：Lithuanian Case[J]. *Procedia Social & Behavioral Sciences*，2015，（213）．

[109] Chen C F，Chen F S. Experience quality，perceived value，satisfaction and behavioral intention for heritage tourists[J].*Tourism Management*，2010，（31）．

[110] Chen C. F.，Tsai D. C. How destination image and evaluative factors affect behavioral intentions[J]. *Tourism Management*，2007，（4）．

[111] Chin C. H.，Lo M. C.，Songan P.，et al. Rural Tourism Destination Competitiveness：A Study on Annah Rais Longhouse Homestay，Sarawak[J]. *Procedia—Social and Behavioral Sciences*，2014，（144）．

[112] Crompton J.L.Anassessment of the image of Mexico as avocation destination and the influence of geographical location upon the image[J].*Journal of Travel Research*，1979，（4）．

[113] Daniel S，Gavrilă-Paven Ionela，Bârsan Mircea Constantin，et al. Advantages and Limits for Tourism Development in Rural Area [J].*Procedia Economics & Finance*，2015（32）．

[114] Echtner C. M.，Ritchie J. R. B. The meaning and measurement of destination image[J].*Journal of Tourism Studies*，1991，（2）．

[115] Gunn，C. A. *Vacations cape: designing tourist regions*[M].Austin：Bureau of Business Research，University of Texas，1972.

[116] H. Ramkissoon，B. WeilerL，D. G. Smith. Place Attachment and Pro-Environmental Behaviour in National Parks：The Development of a Conceptual Framework[J].*Journal of Sustainable Tourism*，2012，（2）．[117]T. Moeller，S.

Dolnicar & F. Leisch.The Sustainability–Profitability Trade–Off in Tourism：Can It Be Overcome?[J].*Journal of Sustainable Tourism*，2011，（2）．

[117] Hines J. M.，Hungerford H. R.，Tomera A. N. Analysis and synthesis of research on responsible environmental behavior：A meta–analysis[J]. Journal of Environmental Education，1987，（2）．

[118] Hunt，J. D. Image as a factor in tourism development[J]. *Journal of Travel Research*，1975，（13）．

[119] Jerry J. Vaske，Katherine C. Kobrin. Place attachment and environmentally responsible behavior[J]. *The Journal of Environmental Education*，2001，（4）．

[120] Kaiser F. G.，Wolfing S.，Fuhrer U. Environment al attitude andecologi cal behavior[J]. *Journal of Environmental Psychology*，1999，（1）．

[121] Kaptan Ayhan Ç.，Cengi Z. Taşlı T.，Özkök F.，et al. Land use suitability analysis of rural tourism activities：Yenice，Turkey[J]. *Tourism Management*，2020，（76）．

[122] Lewis C.，D'alessandro S. Understanding why：Push–factors that drive rural tourism amongst senior travelers[J]. *Tourism Management Perspectives*，2019，（32）．

[123] Reitsamer B. F.，Brunner–Sperdin A.，Stokburger–Sauer N. E. Destination attractiveness and destination attachment：The mediating role of tourists' attitude[J].*Tourism Management Perspectives*，2016，（19）．

[124] Richards G. W.，Raymond C. Creative tourism[J].*ATLAS news*，2000（23）．

[125] Si Shi，Dogan Gursoy，Liujing Chen. Conceptualizing home–sharing lodging experience and its impact on destination image perception：A mixed method approach[J]. *Tourism Management*，2019，（75）．

[126] Smith–Sebasto N.J.，D'Costa A. Designing a Likert–type scale to predict environmentally responsible behavior in undergraduate students：Amultistep process[J]. *The Journal of Environmental Education*，1995，（1）．

[127] Su M. M.，Wall G.，Wang Y.，et al. Livelihood sustainability in a rural

tourism destination—Hetu Town，Anhui Province，China[J].*Tourism Management*，2019，（71）.

[128] Sun Y. *Study on residents' environmental behavior and its influencing factors*[D].Dalian：Dalian University of Technology，2006.